Beate Schneider/Martin Schubert

Die Multitaskingfalle – und wie man sich daraus befreit

Beate Schneider/Martin Schubert

Die Multitaskingfalle – und wie man sich daraus befreit

orell füssli Verlag AG

Konzeption und Realisation: Ariadne-Buch, Christine Proske, München
Redaktion: Cornelia Rüping
Umschlagabbildung: © Getty Images (Matthew Antrobus)
Umschlaggestaltung: Andreas Zollinger, Zürich
Umschlag Autorenporträt: Tom Trenkle
Druck: fgb • freiburger graphische betriebe, Freiburg

ISBN 978-3-280-05322-5

Bibliografische Information der Deutschen Bibliothek:
Die Deutsche Bibliothek verzeichnet diese Publikation in der Deutschen Nationalbibliografie; detaillierte bibliografische Daten sind im Internet über http://dnb.d-nb.de abrufbar.

Inhalt

Vorwort

Trotz guter Planung Ihres Arbeitstags stehen Sie morgens mal wieder im Stau. Verdammt, die Zeit läuft Ihnen davon. Atemlos und durchgeschwitzt nach einer halben Stunde in der Autoschlange kommen Sie am Arbeitsplatz an. Schon klingelt das Handy. Ein Geschäftspartner möchte wichtige Detailfragen zum nächsten Meeting klären, das in etwa zwei Stunden stattfinden wird – der Stau hat Sie fast eine Dreiviertelstunde gekostet, unglaublich!

Während Sie sich umständlich aus Ihrer Jacke schälen, das Telefon zwischen Schulter und Wange festgeklemmt, fahren Sie Ihren PC hoch, starten das E-Mail-Programm und rufen Ihre Nachrichten ab. Nebenbei ordnen Sie die Unterlagen, die Sie für die anstehende Besprechung brauchen. Sie müssen die verlorene Zeit wieder reinholen.

Eine Kollegin geht an Ihrem Bürofenster vorbei, Sie winken ihr lächelnd und nickend ein «Guten Morgen» zu. Ihre Assistentin öffnet die Bürotür und legt Ihnen Papiere zum Unterschreiben vor. Auch das gelingt Ihnen noch. Doch Sie merken erst jetzt, dass Sie Ihr Handy noch immer zwischen Schulter und Wange eingeklemmt haben, obwohl das Telefonat doch schon längst beendet ist. Ihre Jacke thront einer Skulptur gleich auf Ihrem Stuhl, sie auf einen Kleiderbügel zu hängen war ja bisher nicht möglich.

Alles wie immer, oder?

Stopp! Wenn Sie in dieser Situation einen Spiegel vor sich hinstellen oder einen Schritt zur Seite treten könnten, was würden Sie dann sehen? Wie würden Sie diese Person von außen wahrnehmen? Könnte sie tatsächlich Detailfragen beantworten und sich später an ihre Aussagen erinnern? Wären alle wichtigen Unterlagen korrekt zurechtgelegt? Wüsste sie mit Sicherheit, was sie unterzeichnet hat? Würde sie während dieser Szene souverän und entspannt wirken?

Machen wir uns nichts vor: Solche unangenehmen Situationen sind es nicht, nach denen wir uns in unserem Leben sehnen oder nach denen wir gar streben. Dennoch kennt sie jeder von uns in der einen oder anderen Form, akzeptiert sie sogar als unabänderlich. Es scheint so, als hätte nur derjenige, der in unserer modernen Arbeitswelt die Kunst des «Multitasking» beherrscht, eine Chance auf Erfolg. Oder kennen Sie jemanden, der offen zugibt, nicht multitaskingfähig zu sein? Durch diese Eigenschaft, also die Fähigkeit, gleichzeitig zwei oder mehr Aufgaben zu erledigen, versprechen wir uns einen persönlichen Wettbewerbsvorteil im beruflichen Konkurrenzkampf. Mehr Leistung, schnellere Ergebnisse, bessere Ideen. Ohne sie zu hinterfragen, verfolgen wir diese Lösung, die uns scheinbar vorgibt, wie wir dem Überangebot der Informationen und den vielfältigen Ansprüchen an uns Herr werden können. Auf diesem Weg folgt einer dem anderen und wie aus dem Nichts entsteht eine allgemein gültige Gesellschaftsformel, die jeder zu beachten hat.

Doch sind wir überhaupt in der Lage, mehrere Aufgaben nebeneinander zu erledigen? Gibt es hierbei Unterschiede zwischen Männern und Frauen? Wenn ja, haben Frauen Vorteile und Männer wirklich Defizite, wie man es so oft hört? Beschleicht Sie nicht auch öfter einmal das Gefühl, am Limit zu sein, und verzichten Sie deshalb nur allzu oft darauf, Ihre individuellen Fähigkeiten einzusetzen? Weshalb reagieren wir so häufig, anstatt zu agieren? Solche und ähnliche Fragen wollen wir klären, weil es spannend und faszinierend ist, sich damit zu beschäftigen.

Lassen Sie uns dazu gemeinsam eine Reise unternehmen. Eine Reise, auf der wir Einblicke in die realen Möglichkeiten unseres Alltags gewähren. Unsere Tour beginnt bei unserem Gedächtnis. Es ist phänomenal zu entdecken, was wir zu leisten imstande sind. Und doch gibt es Grenzen. Irgendwann hört der Spaß auf, und unterschiedliche Stressoren nehmen uns gefangen, was zu einer echten Belastung in unserem Leben führt.

Die spannende Frage, wie viele Dinge wir wirklich gleichzeitig erledigen können, lässt sich klar und eindeutig beantworten. Vielleicht überrascht das Ergebnis nicht wirklich. Trotzdem ändern die Erkenntnisse nichts an dem Verhalten und dem allgemeinen Tenor in unserer Gesellschaft. Ganz im Gegenteil: Stimmen sind zu vernehmen, die eine Steigerung unserer «Gleichzeitigkeitsfähigkeit» durch Training als möglich und sinnvoll erachten. Spezifische Trainingsmethoden sollen uns helfen, entsprechend zu «performen». An dieser Station werden wir kurz verweilen, um herauszufinden, ob dies tatsächlich ein gangbarer Weg ist. Keine Angst, Sie brauchen kein Hirnforscher oder Neuropsychologe zu sein, um uns folgen zu können. Ihr gesunder Menschenverstand wird Sie sicher durch dieses Kapitel leiten.

Unsere Reise geht dann weiter zu den wirtschaftlichen Auswirkungen der Multitaskingfähigkeit. Bei genauer Betrachtung offenbart sich so manches, was sonst gar nicht berücksichtigt oder wegen der schwierigen Messbarkeit einfach unter den Tisch gekehrt wird. Wir verschwenden eigene Ressourcen und auch die anderer, ohne uns dessen bewusst zu werden. Und das, obwohl wir heute über mehr Informationen verfügen als jemals zuvor. Damit geht allerdings auch einher, dass tagtäglich Tausende von Informationen auf uns einprasseln. Mit Signalen unterschiedlichster Art kämpft in unserer heutigen Gesellschaft jede Information um Aufmerksamkeit. Doch im Gegensatz zur Natur, in der sich Ebbe und Flut abwechseln, findet in unserer heutigen Informationsgesellschaft kein Gezeitenausgleich statt. Informationen im Überfluss – zu jeder Zeit, an jedem Ort und über jedes verfügbare Medium.

Wie sich dies auf die Persönlichkeit jedes Einzelnen auswirkt, werden wir auf der nächsten Etappe unserer Reise sehen. Dazu beleuchten wir die Interaktionen in unserer Arbeitswelt und in unseren menschlichen Beziehungen. Erkennbar wird, dass sich ein entspannter und effektiver Arbeitsrhythmus nur dann umsetzen lässt, wenn wir gemeinsam neue Ziele in den Fokus setzen und uns vor den immer gleichlautenden Zeitoptimierungen hüten. Wir als Berater in der Praxis halten es für wichtig, Ihnen die körperlichen und seelischen Konsequenzen vor Augen zu führen, um Ihnen Appetit auf «Entschleunigung» zu machen – damit Sie Ihr eigenes Leben erfolgreich und dabei ausdauernd und lustvoll gestalten können.

Dieses Reiseziel fest im Blick, gehen wir in kleinen Schritten voran, um den Weg von der allgemeinen Gleichheit zu einem Mehr an Eigenständigkeit und Individualität zu gestalten. Wir laden Sie ein, die im täglichen Mit- und Füreinander immer wieder auftretenden Verhaltensweisen und Handlungen einmal näher zu betrachten. Unsere Vorschläge für Veränderungen können einfach oder auch komplex sein, die konsequente Umsetzung wirkt. Versprochen!

Wir möchten eine neue Art der Wahrnehmung anregen, bei der die Umwelt mit allen Menschen und kulturellen Gegebenheiten, so wie sie nun einmal sind, mit einbezogen werden. Unser Anspruch besteht darin, die größtmögliche Zufriedenheit jedes Einzelnen mit sich und seiner Umgebung zu erreichen. So geht unser Buch über die Unterstützung bei der Persönlichkeitsentwicklung hinaus, indem es auch für die persönliche gesellschaftliche Verantwortung sensibilisiert. Unser Ziel ist ein Ja zu Verbindlichkeit und Gemeinsamkeit ohne Individualitätsverlust. Machen Sie sich mit uns auf den Weg: Lassen Sie sich von unseren Geschichten emotional berühren, um am Ende mit dem gesellschaftlichen Ritus, dem Multitasking, zu brechen. Sie, der Sie dieses Buch jetzt gerade zu lesen begonnen haben, sind eine einzigartige Persönlichkeit mit individuellen Fähigkeiten, die Sie auszeichnen und unverwechselbar machen. Haben Sie den Mut, neue Wege auszuprobieren. Sie werden sehen, wie spannend es ist, Ihre Stärken neu zu entdecken und die eigenen Grenzen deutlicher abzustecken. Viel Spaß und Erfolg dabei!

Beate Schneider und Martin Schubert

Wollen Sie mehr über uns erfahren? Dann besuchen Sie uns doch unter www.sec-t.de.

Oder möchten Sie uns Anregungen und Feedback zu unserem Buch geben? Dann schreiben Sie an multitasking@sec-t.de.

I.
Nachgeforscht – was kann unser Gehirn leisten?

Monoton, penetrant und laut. Wie aus einer anderen Welt dringt das Geräusch in Ihren Ohren. Der Wecker klingelt. Die verworrenen und unklaren Geschehnisse des Traumes noch fast greifbar, werden Sie langsam wach. Ihre Glieder noch etwas steif, strecken und recken Sie sich und finden von Sekunde zu Sekunde zurück in die Klarheit des Erlebens, weg von den schönen Gefühlen Ihres Traumes, dessen Zusammenhänge sich Ihnen nicht vollständig erschließen. Ihre Sinnesorgane beginnen zu arbeiten. Sie öffnen die Augen und sehen den blauen Himmel, vielleicht erwärmen die Sonnenstrahlen schon Ihre Haut und Sie riechen den herrlichen Duft von Kaffee oder Tee. Die Welt um Sie herum gewinnt an Kontur. Sie stehen auf und starten in das Abenteuer dieses Tages, von dem Sie noch nicht wissen, wie es enden wird. Erste Reize, zum Beispiel Empfindungen und Informationen, erreichen Sie, und wie jeden Tag startet Ihr Gehirn sein Informations- und Umsetzungsprogramm.

Schon beim Gang ins Bad stehen Sie in einem ständigen Austausch mit Ihrer Umwelt. Sie erinnern sich automatisch daran, wo der Lichtschalter im Bad ist, und schalten das Licht zielsicher an. Dann denken Sie kurz darüber nach, wo Sie die Zahncreme gestern abgelegt haben, und finden Sie auch tatsächlich dort. Automatisch stellen Sie die Armatur Ihrer Dusche nicht komplett auf «Rot», denn Sie haben gelernt, dass Sie sich dann verbrühen könnten. Sie hören, wie Ihr Kind murrend aufsteht, und nehmen aus dem Radio im Bad eventuell die dargebotenen Berichte bruchstückhaft auf. Unter der Dusche gleitet Ihnen die Seife aus der Hand, Sie versuchen sie aufzufangen, während Sie in Gedanken Ihren Tag vor Augen sehen und die weiteren Abläufe planen.

Blitzschnell werden von uns in jeder Minute vielfältige Hinweise aufgenommen, verarbeitet und in entsprechende Handlungen übertragen. Dass dies so einwandfrei funktioniert, ist eine gigantische Leistung unseres Gehirns und seines Zusammenspiels mit den Wahrnehmungskanälen. Unsere Sinnesorgane ermöglichen es uns, Eindrücke von außen aufzunehmen. Nur eine Information, welcher Form und Art auch immer, die bewusst in unser Gehirn vorzudringen vermag, kann auch bewertet und weiterverarbeitet werden. Erst dieses Wechselspiel zwischen Wahrnehmung und Verarbeitung sorgt dafür, dass wir uns in unserer Umwelt sicher und zielgerichtet orientieren können. Um im Überangebot der Informationen nicht unterzugehen, kanalisiert unser Gehirn jede ankommende Mitteilung und wählt permanent eine für uns relevante Teilmenge aus. So gelingt das störungsfreie Denken und Handeln.

Die Pforten in unseren Köpfen

Beim Sortieren der eingehenden Informationen nutzt das Gehirn die verschiedenen Speicher des Gedächtnisses, dazu gehören das Ultrakurzzeit-, das Kurzzeit- und das Langzeitgedächtnis. Diese drei Speicher sind für unterschiedliche Aufgaben zuständig.

Das Ultrakurzzeitgedächtnis

Der erste Filter oder das Eingangstor in unser Gehirn ist das Ultrakurzzeitgedächtnis. Jede Information, jede Wahrnehmung wird in Bruchteilen von Sekunden aufgenommen. Ebenso schnell fällt die Entscheidung, ob die ganze oder auch nur ein Teil der eintreffenden Information an das Kurzzeitgedächtnis weitergeleitet wird oder nicht.

Nur das, was innerhalb von etwa zehn bis 20 Sekunden durchgereicht wird, bleibt zunächst einmal erhalten. Alle anderen Informationen verschwinden aus unserem Bewusstsein, werden scheinbar gelöscht, das heißt, sofort wieder vergessen. «Scheinbar» vor allem deshalb, weil unbewusst deutlich mehr Reize aufgenommen und durchgeleitet werden, als wir bewusst wahrnehmen.

Darüber hinaus bedeutet eine unterlassene Weiterleitung an unser Kurzzeitgedächtnis nicht automatisch, dass die betreffenden Reize einfach unbeachtet am Wegrand liegen bleiben. Manchmal werden auch bestimmte Sofortreaktionen von immenser Bedeutung ausgelöst. Denken wir beispielsweise an unsere Reaktion auf ein hupendes Auto. Obgleich die Wahrnehmung aus dem Ultrakurzzeitgedächtnis nicht an das Kurzzeitgedächtnis weitergesandt wird und somit nur wenige Sekunden im Gehirn verweilt, wird eine Reaktion, die mit bereits bestehenden Erfahrungen verknüpft ist, ausgelöst, die vielleicht unser Leben retten kann. Doch schon kurze Zeit später, sofern in dieser Situation nichts weiter passiert ist, haben wir den Vorgang an sich vergessen. Einzig die Emotion, der Schreck, den wir verspürt haben, bleibt haften, denn dieses Gefühl hilft uns, beim nächsten Mal schneller zu reagieren.

Das Kurzzeitgedächtnis

Sobald es Reizen und Mitteilungen gelingt, den Wächter des Ultrakurzzeitgedächtnisses von Ihrer Wichtigkeit zu überzeugen, werden sie in unser Kurzzeitgedächtnis oder Arbeitsgedächtnis weitergeleitet. In der wissenschaftlichen Betrachtung taucht dabei immer wieder die Frage auf, worin genau sich das Kurzzeitgedächtnis und das Arbeitsgedächtnis unterscheiden und ob sich deren Arbeitsaufgaben überhaupt klar trennen und eindeutig definieren lassen. Die Antworten hierauf sind vielfältig, eine wissenschaftliche Definition und entsprechende Terminologie stehen bis heute nicht fest. Dies mag zum einen daran liegen, dass es sich bezüglich der Hirnaktivität als äußerst schwierig erweist, klare Unterschiede zwischen der reinen Aufnahme von Information und der Aufnahme von Informationen, die sofort eine Bearbeitung verlangen, zu erkennen, weil häufig dieselben Regionen im Gehirn aktiviert werden und sich die Aktivierungen nur durch Ihre Intensität unterscheiden. Es handelt sich somit nicht um zwei völlig verschiedene Systeme, sondern nur um graduelle Varianten.

Zum anderen gestaltet sich das Lösen von Aufgaben oder das Aufnehmen von Informationen so individuell und einzigartig, wie die Menschen selbst es sind. So ist beispielsweise das Aufschreiben von fünf Buchstaben für Erwachsene eine klassische Kurzzeitgedächtnisaufgabe, während es für Kinder im Vorschulalter eher eine Arbeitsgedächtnisaufgabe darstellt. Manche Forscher bezeichnen das Kurzzeitgedächtnis auch nur als eine frühe Phase der Encodierung. Dieser Begriff beschreibt die Zerlegung beziehungsweise Aufspaltung neuer Informationen, sodass die Möglichkeit besteht, sie mit der bestehenden kognitiven Struktur zu verbinden und sie einer dauerhaften Speicherung auf dem Weg zum Langzeitgedächtnis zuzuführen.

Wie dem auch sei, im Rahmen unserer Thematik erscheinen die Unterschiede als zu unwesentlich, um sich hiermit eingehender zu beschäftigen. Sofern wir im Folgenden den Begriff «Kurzzeitgedächtnis» verwenden, meinen wir also immer auch das Arbeitsgedächtnis. Viel interessanter als eine exakte Terminologie erscheint uns sowieso die Frage, was im Kurzzeitgedächtnis passiert und welche Aufgabe es überhaupt wahrnimmt.

Unser Kurzzeitgedächtnis speichert zunächst einmal alle Informationen, die ihm vom Ultrakurzzeitgedächtnis weitergeleitet werden. Darüber hinaus spielt es eine entscheidende Rolle, wenn wir Herausforderungen meistern oder Aufgaben lösen wollen. Bearbeiten Sie beispielsweise eine einfache Rechenaufgabe, ist Ihr Kurzzeitgedächtnis in voller Aktion.

Gerade hat Ihnen ein Lieferant in einem Telefonat mitgeteilt, dass er Ihnen auf Ihren Einkauf von 1.000 Euro einen Rabatt von drei Prozent gewährt. Sie möchten natürlich wissen, wie viel Sie sparen und wie viel Sie dann zahlen müssen. Wenn Sie an die Aufgabe herangehen wie die meisten Menschen, werden Sie zunächst drei Prozent von 1.000 Euro errechnen. Dieses Ergebnis unterziehen Sie einer kurzen Zwischenspeicherung und fragen dann Ihr Gedächtnis, was als Nächstes zu tun ist. «Abziehen» wird der Befehl lauten: 1.000 Euro minus 30 Euro macht 970 Euro.

Solche gedanklichen Aktivitäten wären Ihnen nicht möglich, wenn Ihr Kurzzeitgedächtnis außerstande wäre, sich verschiedene Zwischenschritte und Lösungen auf dem Weg zum Endergebnis zu merken.

Darüber hinaus ist das Kurzzeitgedächtnis für die Bewältigung logischer Herausforderungen zuständig. Auch hier zerlegen wir das Problem in viele kleine Teilschritte, fragen im Langzeitgedächtnis nach, speichern zwischen, fragen erneut und kommen irgendwann zu einem Ergebnis. Das macht es möglich, dass wir aus der Aussage «Wer im Regen spazieren geht, wird nass» nicht automatisch den Schluss ziehen, dass es immer, wenn wir nass sind, regnet und wir spazieren gehen.

Unser Kurzzeitgedächtnis ist also dafür zuständig, die ankommenden Informationen aufzunehmen und kurz zu speichern, passende Daten aus dem Langzeitgedächtnis abzurufen und damit zu verknüpfen, sich verschiedene Handlungsanweisungen zu merken sowie Zwischenergebnisse zu speichern, um Aufgaben zu lösen oder Reize zu verarbeiten. Am Ende dieses Prozesses, quasi als letzte Amtshandlung, hinterlegt es die Ergebnisse an der Pforte zu unserem Langzeitgedächtnis mit der Bitte um «endgültige Speicherung». Das Kurzzeitgedächtnis hat allerdings nur eine begrenzte Kapazität. Und diese Begrenzung macht einen entscheidenden Unterschied zum Langzeitgedächtnis aus. Alles, was die Eingangstür zum Langzeitgedächtnis nicht passiert und damit nicht langfristig abgespeichert werden kann, zieht an uns vorbei wie die Laute einer fremden Sprache.

Das Langzeitgedächtnis

Die Kunst einer nachhaltigen Informationsverarbeitung besteht vor allem darin, Informationen schnell in unser Endlager, das Langzeitgedächtnis, zu transportieren. Das ist aufwendig, denn die Abspeicherung stellt einen hochkomplexen und zeitintensiven Vorgang dar, der als eine Kette aus biochemischen und zellulären Prozessen abläuft. Wird der Transport, durch welche Umstände auch immer, unterbrochen, verharrt die Information in einem Zwischenstadium. Mit der Zeit beginnt sie zu zerfallen, nimmt die Erinnerung unwiderruflich mit und gerät spätestens nach 20 Minuten in Vergessenheit. Lediglich die Reize, die alle Hürden bis ins Langzeitgedächtnis passiert haben, bleiben uns erhalten und sind bei Bedarf abrufbar – ein Leben lang. Auch wenn wir älter werden, ändert sich daran nichts.

Wir erinnern uns sowohl an Ereignisse als auch an Fakten, egal ob sie gestern oder vor Jahren abgelegt wurden. Im Gegensatz zum Kurzzeitgedächtnis benötigen wir beim Langzeitgedächtnis nur einen kurzen Hinweis, um die Bahnung zu finden und die gespeicherten «Daten» abzurufen. Ein Reiz, eine Information, die im Kurzzeitgedächtnis verweilt, ist hingegen während ihrer Zeit dort ständig im Fokus der Aufmerksamkeit. Allerdings kann es auch beim Langzeitgedächtnis vorkommen, dass bestimmte Informationen sich einfach nicht wiederfinden lassen. Sie sind in der fast unendlichen Datenmenge verschollen. Zwar lassen sie sich oft durch geeignete Bahnungen reaktivieren, das ist jedoch anstrengend und fordernd. Vergessen kann deshalb zweierlei bedeuten. Wirklich vergessen werden wir nur die Informationen, die das Ultrakurzzeitgedächtnis und Kurzzeitgedächtnis nicht in Richtung Langzeitgedächtnis verlassen haben. Im Langzeitgedächtnis geht, wenn überhaupt, nur der Ort der Speicherung verloren, der Inhalt bleibt jedoch immer erhalten.

Doch was sind die Gründe dafür, dass nicht alle Informationen in unser Langzeitgedächtnis gelangen oder einige eventuell nicht mehr wiedergefunden werden? Oft genügt eine einmalige Aufnahme, damit Reize oder Fakten sofort gespeichert werden, während manchmal auch ständige Wiederholungen zu keinem Erfolg zu führen scheinen. Schauen wir uns das einmal genauer an.

Wie viele Wege können wir gleichzeitig beschreiten?

Es ist ein trüber, regnerischer Samstagnachmittag. Daniel, ein 40-jähriger Banker mit dunklem Haar und leichtem Bauchansatz, hat sich lange auf diesen Tag gefreut. Eine Geburtstagsfeier bei alten Freunden steht am Abend an. Hören, wie es den anderen geht, Leute von früher treffen und die gemeinsame Vergangenheit aufleben lassen. Neuigkeiten austauschen und vielleicht das ein oder andere unbekannte Gesicht kennenlernen. Obendrein leckeres Essen und nette Musik …

Die Feier ist in vollem Gange. Viele Freunde und Bekannte sind gekommen. Stimmengewirr, Geschirrklappern und laute Musik liegen in der Luft. Daniel steht mit seinem alten Freund Philip in der Küche, etwas abseits der lärmenden Beats, die aus dem Wohnzimmer dringen, aber immer noch klar und deutlich zu hören sind. Ja, die Küche ist der ideale Ort für ein gutes Gespräch. Eine Gruppe weiterer alter Kumpane hält sich unweit von den beiden auf und macht sich gerade über das umfangreiche, liebevoll arrangierte Buffet her. Nach einer kurzen, herzlichen Begrüßung fragt Daniel, während er Philip ernsthaft anblickt: «Mensch, Junge, wie lange haben wir uns wohl schon nicht mehr gesehen? Drei Jahre, oder sind es vielleicht sogar fünf?» Rod Stewarts Gesang tönt rauchig und laut aus den Lautsprechern.

«Es muss gut drei Jahre her sein, bei der Einweihungsfete von Steffi», antwortet Philip lächelnd. Schon entschwinden die beiden in eine gemeinsame Welt. Eine Welt, in der sie Erinnerungen und Emotionen teilen, die ihnen vertraut sind. Das Gespräch wird immer lebendiger, tiefer, es zieht Daniel völlig in seinen Bann. Rod Stewarts markante Stimme, gerade noch voll präsent, scheint nun an Daniels Ohren komplett vorbeizuziehen. Er hört die Klänge nicht mehr wirklich. Bilder aus früheren Tagen erscheinen vor seinem geistigen Auge. Ja, Steffis Einweihungsfeier vor drei Jahren: Daniel kann die Stimmung von damals förmlich nacherleben, riechen und hören.

Plötzlich wird in der Gruppe neben unserem Banker sein Name genannt, ja, es war sein eigener Name. Scheinbar rein zufällig und unbewusst hat sein Gehirn das registriert und verlangt eine Reaktion. Augenblicklich verändert sich seine Aufmerksamkeit, sie geht weg von seinem Freund und hin zu den anderen. Auch seine Wahrnehmung schwenkt in diese neue Richtung. Zwar nickt er seinem Freund Philip noch interessiert zu, als dieser beginnt von seinem neuen Job zu erzählen. Was er wirklich sagt, wie genau er zu der Stelle gekommen ist, wie es ihm dort gefällt und welche Karrierechance er sich ausrechnet, nimmt Daniel jedoch nicht mehr bewusst zur Kenntnis.

Intensiv hingegen versucht er mitzubekommen, was über ihn in der anderen Gruppe gesprochen wird. Die Musik im Hintergrund ist nun völlig aus seinem Fokus verschwunden, vielleicht singen die Pet Shop Boys, wer weiß das schon. Er jedenfalls könnte just in diesem Moment nicht sagen, welcher Song läuft. Seine Aufmerksamkeit gilt ganz dem Gespräch seiner Nachbarn. Nach einigen Augenblicken und einer Reihe von Gesprächsfetzen, die zu Daniel durchgedrungen sind, erkennt er, dass er, obwohl der Name «Daniel» gefallen ist, gar nicht gemeint war. Die Gruppe der alten Freunde spricht zwar über einen Daniel, aber nicht über ihn. Sein Bewusstsein gibt Entwarnung. Okay, es geht also nicht um Gerüchte, Geschichten oder alte Erinnerungen, bei denen er eine Rolle gespielt hätte. «Gut», denkt er, «aber wer ist dieser Daniel?»

Nach kurzem Überlegen, ob das Interesse an diesem anderen wirklich so groß ist, signalisiert sein Gehirn «eigentlich egal», und plötzlich wechselt der Fokus. Die Aufmerksamkeit richtet sich wieder auf Philip. Leider hat unser Banker die letzten Aussagen seines Freundes nicht bewusst aufgenommen. Er hat Schwierigkeiten, sich wieder in die Unterhaltung einzuklinken, denn in der Zwischenzeit hat er einen nicht unerheblichen Teil von Philips Worten verpasst. Aus den nächsten Sätzen versucht Daniel, diese Passagen zu rekonstruieren. Es fällt ihm schwer, und es dauert eine ganze Zeit, bis er sich wieder ins Gespräch eingefunden hat.

Ob Rod Stewart immer noch singt, die Pet Shop Boys zwischenzeitlich aus der Lautsprecherbox zu vernehmen waren oder mittlerweile Elton John zu hören ist, kann Daniel ganz und gar nicht mehr sagen. Er versucht, durch konzentriertes Zuhören die entstandenen Lücken zu schließen, aber er ist auf Interpretationen angewiesen. Nun ärgert er sich, Philip seine Aufmerksamkeit entzogen zu haben.

In jeder Sekunde, die wir erleben, trifft eine fast unüberschaubare Menge von hörbaren (auditiven), sichtbaren (visuellen), beweglichen und fühlbaren (kinästhetischen), schmeckbaren (gustatorischen) und riechbaren (olfaktorischen) Reizen auf unsere Sinnesorgane. Nur ganz bestimmte

Teile, kleine Ausschnitte, nehmen wir bewusst auf und verarbeiten sie. Der Rest rauscht an uns vorbei, ohne dass wir es im Augenblick bemerken. Das Tor zum Kurzzeitgedächtnis bleibt geschlossen.

Durch die jeweilige Ausrichtung unserer Aufmerksamkeit fixieren wir unsere Wahrnehmung und blenden den Rest der Signale mehr oder weniger effektiv aus. Wir erklären diese Reize quasi für unwichtig und geben damit unserem Gedächtnispförtner eindeutige Kriterien an die Hand, was passieren darf und was nicht. Wohin unsere Aufmerksamkeit geht, wird in der Regel durch unsere Gefühle, unsere Emotionen, unsere Absichten und unsere Ziele bestimmt.

Jetzt, in diesem Augenblick gilt Ihre Konzentration unserem Buch. Sie lesen die einzelnen Zeilen und nehmen die Buchstaben wahr, die sich zu Wörtern zusammensetzen. In Bruchteilen von Sekunden gleicht Ihr Gehirn die gelesenen Wörter mit den Informationen ab, die Sie bereits kennen beziehungsweise gelernt haben, und versucht, einen entsprechenden Sinn herzustellen. Das ist vor allem deshalb möglich, weil Sie die Information als wichtig deklariert haben und diese Ihr Kurzzeitgedächtnis erreichen konnte, sodass sie sich mit bereits Bestehendem verknüpfen ließ. Ohne die Organisation der Wahrnehmung und ohne den Bezug auf Ihre bestehenden Wissensbestände hätten Sie die ersten Seiten unseres Buches wohl kaum in nur wenigen Minuten lesen können.

Gespeicherte Erfahrungen und auch Empfindungen werden aktiviert, innere Bilder entstehen. Neue Erkenntnisse werden zunächst im Kurzzeitgedächtnis zwischengespeichert und machen sich dann auf den Weg ins Langzeitgedächtnis. Entscheidend dafür, ob wir einen Sinneseindruck bewusst wahrnehmen, ist unsere Einschätzung über die Wichtigkeit einer bestimmten Situation. Ist das Erregungsmuster stark genug, wird die Aufmerksamkeit auf diese Wahrnehmung gelenkt. Nur wenn ein Reiz die für die Bewertung solcher Erregungszustände verantwortlichen Hirnbereiche erreicht und die Bewertung «positiv» ausfällt, beginnen wir bewusst wahrzunehmen. Dabei entstehen für die betreffende Sinneswahrnehmung spezifische und erweiterte Aktivierungsmuster, indem sich die neu eingetroffenen Erregungsmuster und die bereits vorhandenen überlagern.

Unser intelligentes, geistiges Erleben des Augenblicks ist ein fluktuierendes Abbild unserer inneren und äußeren Welt. Hierbei spielt es keine Rolle, ob wir sehend – wie gerade jetzt beim Lesen dieses Buches – hörend, tastend, riechend oder schmeckend wahrnehmen. Wahrnehmung, die zu einer bewussten Auseinandersetzung mit der Umwelt führt, ist immer ein aktiver Prozess, den wir selbst gestalten. Doch Achtung! Wir bemerken etwas nur, wenn wir danach Ausschau halten. Sie werden kaum alle Gegenstände, Geräusche oder Gerüche, die sich gerade jetzt um Sie herum befinden, bewusst wahrnehmen. Warum auch, Ihre Konzentration galt ja bis eben ausschließlich diesem Buch. Erst in diesem Augenblick, in dem Sie etwas von Gegenständen, Geräuschen und Gerüchen lesen, die sich um Sie herum befinden, wird Ihr Denkapparat aktiv. Über das Lesen hinaus haben wir – die Autoren – mit diesem kurzen Anstoß Ihre Aufmerksamkeit in eine andere Richtung gelenkt. Und was geschieht jetzt?

Vielleicht hören Sie nun die Musik aus den Lautsprechern, riechen das Bukett des Rotweins im Glas auf dem Tisch oder spüren einfach nur Ihren Atem. Und das geschieht, obwohl wir Sie noch nicht einmal explizit dazu aufgefordert haben. Einfach so? Na ja, nicht ganz. Durch das Erwähnen von Gegenständen, Geräuschen oder Gerüchen ist Ihre Aufmerksamkeit ein wenig aus den Fugen geraten. Durch unseren Hinweis entstand kurzfristig ein Ungleichgewicht zwischen Ihrer eigentlichen Erwartung, Informationen durch das Lesen des Buches zu erfahren, und unserer von außen kommenden Botschaft. Dadurch hat sich Ihr Fokus augenblicklich geändert – wenn auch nur für den Bruchteil einer Sekunde – und Sie etwas bemerken lassen, das Sie sonst nicht wahrgenommen hätten, weil Ihre Konzentration nur auf unseren Zeilen gelegen hätte. Jedenfalls hätten die Eindrücke aus der Umgebung Sie in diesem Moment nicht erreicht.

Alles, was wir wahrnehmen, geschieht im Hier und Jetzt, in jedem Augenblick, in jeder Sekunde. Wir bemerken und registrieren jedoch scheinbar nur wenige der auf uns eintreffenden Eindrücke. Das würde bedeuten, dass nur eine bestimmte Anzahl von Reizen den Kanal der Aufmerksamkeit passieren kann. Wir können unsere Aufmerksamkeit also nur auf eine bestimmte Anzahl von Tätigkeiten oder Reizen richten. Die Kapazität des menschlichen Gehirns, Informationen zu verarbeiten, scheint begrenzt. Stimmt nicht, werden Sie nun entgegnen. Tagtäglich mache ich die Beobachtung und Erfahrung, dass ich manche Aufgaben wie von selbst gleichzeitig ausführe. Autofahren und sich gleichzeitig mit einem Beifahrer zu unterhalten, widerlegt doch diese These der eingeschränkten Informationsverarbeitung eindeutig.

Über viele Jahre hinweg haben sich Wissenschaftler der Wahrnehmungspsychologie mit diesem Themenkomplex beschäftigt. Aus ihren Erkenntnissen lassen sich zum heutigen Zeitpunkt drei grundlegende theoretische Ansätze finden, die die eingeschränkten Verarbeitungskapazitäten unseres Gehirns erklären:

- Die Ein-Kanal-Theorie
- Die Theorie der zentralen Kapazität
- Modulare Theorien

Um die Verarbeitungsprozesse in unserem Gehirn besser zu verstehen, quasi als Grundlage für eine weitere Betrachtung, ist es sinnvoll, sich alle drei Ansätze näher anzuschauen. Allen Psychologen, Hirnforschern und anderen Personen, die sich im Rahmen der kognitiven Psychologie intensiv mit der wissenschaftlichen Betrachtung der eingeschränkten Informationsverarbeitung beschäftigen, möchten wir an dieser Stelle mitteilen, dass wir diese Theorien bewusst nur in Kürze vorstellen. Eine detaillierte Darlegung ist unserer Ansicht nach, bezogen auf unsere Thematik, nicht zielführend. Interessierte finden im Buch Hinweise auf Publikationen, die sich insbesondere wissenschaftlich intensiv mit diesem Thema beschäftigen.

Die Ein-Kanal- oder Flaschenhalstheorie

Nach der Ein-Kanal- oder Bottleneck-Theorie verfügt das menschliche Gehirn nur über einen einzigen Verarbeitungskanal. Dieser Ansatz geht im Wesentlichen auf Donald Broadbent, Alan T. Welford und in der Folge auf Hal Pashler zurück. Alle Befürworter dieser Theorie gehen davon aus, dass die Informationen das sensorische System – also unsere Wahrnehmung – bis zu einem gewissen Punkt durchfließen. Unsere verschiedenen Wahrnehmungskanäle können zwar parallel arbeiten, irgendwann jedoch erreichen sämtliche Daten eine Art Flaschenhals. Ab dann geht es nur noch nacheinander weiter, eine serielle Informationsverarbeitung ist die Folge. Nur eine äußerst begrenzte Anzahl von Informationen, Entscheidungen oder Reizen können den Engpass gleichzeitig passieren.

Die Basis für diese Theorie legten Claude E. Shannon und Warren Weaver mit ihrer Informationstheorie. Eine Aufgabenkombination ist demnach also nur zu bewältigen, wenn die vorhandenen Filter bei der Informationsaufnahme rasch hin und her schalten. Das störungsfreie Ablaufen gleichzeitig ausgeführter Tätigkeiten wird im Rahmen dieser Theorie vor allem damit erklärt, dass bei den Tätigkeiten vorhandene Redundanzen, das heißt Überlappungen des Inhalts unterschiedlicher Informationen, ausgenutzt werden, um schnell auf die jeweils andere Aufgabe umzuschalten. Die Information enthält keine neue Botschaft und kann daher einfach übersprungen werden. Welford vertritt sogar die Ansicht, dass zu einer bestimmten Zeit nur ein Signal den Engpass passieren kann, was zu der Bezeichnung dieses Ansatzes als «Ein-Kanal-Theorie» führte.

Um dies zu untermauern, wurden Versuchspersonen in schneller Folge mit zwei Reizen konfrontiert. Die Probanden sollten darauf mit zwei verschiedenen Reaktionen antworten. Im Experiment zeigte sich, dass die Reaktion auf den zweiten Reiz verhältnismäßig spät erfolgte. Sie wurde durch den ersten Reiz stark gehemmt. Eine Verringerung des Zeitabstands zwischen dem ersten und dem zweiten Reiz führte zu einer signifikanten Verlängerung der Reaktionszeit auf den zweiten Reiz. Die Wissenschaftler folgerten: Erst in dem Moment, in dem der erste Reiz den Engpass der Aufmerksamkeit passiert hatte und die Reaktion auf den ersten Reiz ausgeführt worden war, hatte die Versuchsperson entsprechende Kapazitäten frei, um auf den zweiten Reiz zu reagieren. Dabei war es unerheblich, ob die Reize und Informationen den zugeordneten Reaktionen sehr ähnlich oder unähnlich waren. Die Reaktionen erfolgten immer nacheinander, lediglich die Zeitdimensionen änderten sich.

Die Theorie der zentralen Kapazität

Dieser theoretische Ansatz – der auch manchmal als Kapazitätsvorratstheorie bezeichnet wird – geht davon aus, dass für alle Verarbeitungsprozesse ganz bestimmte Aufmerksamkeits-Ressourcen benötigt werden. Im Gegensatz zur Ein-Kanal- oder Flaschenhalstheorie können hiernach unterschiedliche Tätigkeiten flexibel auf verschiedene Verarbeitungsempfänger verteilt werden. Allerdings ist die Kapazität unseres Gehirns begrenzt. Die mögliche Leistung hängt nunmehr davon ab, wie viele kognitive Ressourcen eine Aufgabe jeweils erfordert. Übersteigt die Anforderung die Gesamtkapazität, sinkt die Leistung entsprechend. Die kritische Größe bei dieser Theorie ist also die Aufgabenschwierigkeit. Je komplizierter eine Tätigkeit, desto höher die Beanspruchung der Aufmerksamkeit und desto geringer fällt die insgesamt erarbeitete Leistung aus.

Das gilt aber nur, wenn die Gesamtkapazität überschritten wird. Dies liegt zum einen an einem Engpass bei der Einspeicherung, zum anderen an einem Engpass beim Abruf schon gespeicherter Informationen, die notwendig sind, um entsprechende Aufgaben bearbeiten zu können. Es entstehen also nicht nur bei der Aufnahme und Abspeicherung von Informationen Kapazitätsengpässe, sondern im Fall der Bearbeitungen von Aufgaben im Kurzzeitgedächtnis – siehe dazu das Beispiel der Rechenaufgabe: Was sind drei Prozent von 1.000 Euro? – auch beim Finden schon gespeicherter Informationen. Bei deren Bereitstellung im Kurzzeitgedächtnis macht uns die insgesamt zur Verfügung stehende begrenzte Kapazität ebenfalls zu schaffen.

Eine entscheidende Problematik dieses Ansatzes besteht jedoch darin, dass sich die Aufgabenschwierigkeit nicht messen lässt. Die Beurteilung gestaltet sich so individuell, wie die Menschen an sich sind. Auch stellt uns die Frage danach, wann und vor allem welche Aufgaben wir als ähnlich empfinden, vor eine noch nicht gelöste Herausforderung, weil dabei für jeden von uns andere Kriterien gelten.

Modulare Theorien

Donald A. Norman und Daniel G. Bobrow, Christopher D. Wickens sowie Gordon W. Allport vertreten die Auffassung von multiplen spezialisierten Ressourcen. Demnach funktioniert unser Gehirn so ähnlich wie ein Computer, der aus vielen spezialisierten Verarbeitungssubsystemen besteht, stark verknüpft ist und parallel unterschiedliche Prozesse abarbeitet. Die kritische Größe bei diesem Theorieansatz ist die Aufgabenähnlichkeit. Das bedeutet, die Leistungsfähigkeit verringert sich, wenn unterschiedliche Tätigkeiten dieselben Wahrnehmungs- oder Reaktionsmechanismen in Anspruch nehmen.

Nach dieser Theorie ist es beispielsweise nicht möglich, mit beiden Ohren gleichzeitig zwei verschiedenen Quellen zuzuhören. Hiervon unberührt bleibt jedoch die unbewusste Wahrnehmung. Wir nehmen einen Reiz zwar durchaus wahr und unser Nervensystem löst auch einen entsprechenden Effekt aus, ins Bewusstsein dringt diese Information jedoch zunächst nicht.

So weit die theoretischen Ansätze in aller Kürze. Sie alle gehen davon aus, dass unserer Aufnahmefähigkeit Grenzen gesetzt sind. Doch was erfahren wir selbst tagtäglich in unserem Leben? Egal ob und welchem Ansatz wir folgen mögen, unser Gehirn und damit wir selbst stecken scheinbar in einem großen Dilemma. Auf der einen Seite dürfen wir hinreichend offen sein, um alles aufzunehmen, was wir zum Aufbau und zur Aufrechterhaltung unserer inneren Ordnung benötigen. Gleichzeitig müssen wir uns aber verschließen, um zu verhindern, dass Reize und Informationen aus der äußeren Welt ungefiltert in unsere innere Welt vordringen und die dort aufgebaute Stabilität bedrohen. Menschen mit einer Aufmerksamkeitsdefizitstörung (ADS) oder dem Hyperaktivitätssyndrom (HDS) leiden unter dieser Reizüberflutung und verfügen nur über ungenügende Schutzmechanismen, um Reize zu filtern. In Stresssituationen ergeht es übrigens auch Gesunden so. Wenn zusätzlich bei der Informationsverarbeitung Engpässe auftreten, das bedeutet, unsere Verarbeitungsmöglichkeiten beschränkt sind, stecken wir alle so richtig in der Klemme.

Ist das wirklich so? Wir beobachten doch täglich, dass wir viele Dinge gleichzeitig erledigen. Manchmal wachsen wir sogar über uns hinaus und haben neben dem Kochen und gleichzeitigem Telefonieren auch noch die Küche geputzt. Genauso geht es einem Geschäftsmann, der, während er durch die Fußgängerzone schlendert, sehr wohl noch hübsche Mädchen registriert, obwohl er am Handy gerade verhandelt. Aber wäre das Essen nicht beinahe angebrannt? Und war das Mädel gerade eben tatsächlich so attraktiv und könnte der Geschäftsmann seine Kleidung beschreiben? Ist unsere Verarbeitungskapazität im Alltag also wirklich so begrenzt, wie es die Wissenschaftler herausgefunden haben? Nichts ist so grau wie die Theorie. Und in Experimenten mag es diese Einschränkungen geben. Doch das Leben ist bunt, daher schauen wir hinein in einen ganz normalen Tag und beurteilen dann, wie die Erkenntnisse der Wissenschaft wohl zu werten sind.

Grenzen der Aufmerksamkeit

In unserer Gesellschaft ist das Schlagwort «Reizüberflutung» in aller Munde – und tatsächlich, so wie noch vor 40 Jahren ist heute beinahe nichts mehr. Jede Familie hat einen Fernseher, ein Telefon, ein Handy, PC mit Internetanschluss, MP3-Player, eine Tageszeitung, eine Wochenzeitschrift und noch viele weitere durchaus nützliche, ja sogar als lebenswichtig empfundene Kommunikationsmittel. Darüber hinaus nutzen wir viele dieser Helfer zum Spielen, also zum zusätzlichen Zeitvertreib. So neigen wir dazu, uns ständig zusätzlich zu beschäftigen.

Aufmerksamkeit bedeutet jedoch, konzentriert bei einer Sache zu sein. In einer Zeit, in der es angeblich mehr ADS-Kinder als je zuvor gibt, wird die Frage danach, womit die Konzentrations- und Verarbeitungsfähigkeit zusammenhängt, immer wichtiger. Egal wo wir uns befinden oder hingehen, überall warten unangeforderte Informationen auf uns. Kurzweilige Statements sollen uns auf dem Laufenden halten, was in der Welt so passiert, über die neuesten Entwicklungen informieren oder auch mit größtmöglicher Werbestrategie auf uns einwirken. Und das tun sie ja auch – während wir eigentlich beschäftigt sind.

Peter, ein aufstrebender Informatiker, benutzt jeden Tag die U-Bahn, um nach einem anstrengenden Arbeitstag schnellstmöglich seinen geliebten Sport treiben zu können. Auf dem Weg zur Haltestelle kommt er mit dem Fahrrad an zwei Litfaßsäulen vorbei. Im Vorbeifahren liest er «Der Zoo ist sooo», «Mountainbike-Event mitten in der Stadt», mehr nimmt er beim fleißigen Radeln nicht wahr. An der Brücke zur U-Bahn hängt ein riesiges Plakat «www.mach-dich-frei.de». Diesen Text nimmt Peter in sich auf, ohne zu wissen, wovon er sich befreien soll. Er sperrt sein Rad ab und läuft die Treppe hinab. «Alice – so schön kann Verbindung sein» strahlt ein Plakat ihn an. Noch fünf Minuten, dann kommt seine Bahn. Ein riesiger Flatscreen ziert die gekachelte Wand, Werbung flimmert ununterbrochen über die Scheibe. Die Bahn fährt ein. Kaum schließen sich die vollautomatischen Türen hinter Peter, erfährt er mehr über die neuesten Jobangebote der Stadt und – zum tausendsten Mal –, was Schwarzfahren für Konsequenzen hat. Nur drei Stationen.

Er setzt sich trotzdem und bekommt zu hören, dass zumindest die ihm gegenübersitzenden beiden Frauen auf Männer mit weißen Socken überhaupt nicht abfahren. Allerhöchstens Sneaker-Socks wären akzeptabel, alles andere eine lächerliche Darbietung fehlenden Geschmacks. Unangenehm berührt klemmt Peter seine Beine unter die Bank, denn seine Sportsocken sind – natürlich – weiß. Innerlich stellt er sich die Frage, was zum Teufel denn Sneaker-Socks sind und ob nur diese beiden weiblichen Exemplare oder etwa alle so denken. Sind denn Socken so wichtig? Fast verpasst er deshalb die richtige Haltestelle. Verkrampft rutscht Peter, die Sporttasche vor seine schrecklichen Socken haltend, von seinem Sitzplatz und versucht seinen Blick Richtung Ausgang zu lenken. Ja nicht mehr

die Frauen anblicken, er will gar nicht wissen, was er vielleicht deren Gesichtern entnehmen könnte.
Beim Aussteigen entdeckt Peter die Schlagzeile der Tageszeitung. «14 Tote bei Anschlag im Irak». Er geht ohne jegliche Empfindung beim Lesen dieser Zeilen die letzten Meter zur Sporthalle. Dort spielt er 90 Minuten hoch konzentriert Badminton. Ihm fällt gar nicht auf, dass es in der Halle bis auf die von den beiden Sportlern verursachten Geräusche absolut ruhig ist. Auch die Wände sind leer, hier hängt kein Plakat oder Ähnliches. Peter ist nur verwundert, dass ihn diese körperbetonte Anstrengung entspannt hat. Er spürt jeden Muskel, ist jedoch sehr zufrieden und innerlich total ruhig. Ein Grinsen liegt auf seinem Gesicht. Nach nur drei U-Bahn-Stationen auf seinem Heimweg ist er schon wieder genervt.

Wir können heute nicht einfach die Informationen abrufen, nach denen es uns gelüstet oder die wir interessant finden. Wir werden überschwemmt mit einer Informationsflut, ohne dass wir wählen dürfen. Ungebremst treffen die unterschiedlichsten Reize aus der äußeren Welt auf uns. Das erfordert eine permanente hohe Aufmerksamkeit, Konzentration und Verarbeitungskapazität. Scheinbar leisten wir all dies, obwohl wir es doch rein wissenschaftlich gar nicht leisten können.

Peter zum Beispiel hat auf seiner Fahrt zur Sporthalle eine unendliche Menge von Reizen und Informationen empfangen. Manche visuell, manche auditiv und einige auch aus den Bildern in seinem Inneren. Er hat sie teilweise wahrgenommen, gleich wieder vergessen und manche bearbeitet. Dauerhaft konzentriert auf eine spezielle Information war er dabei nicht. Erst beim Badminton, als seine Aufmerksamkeit nur einer Sache galt, konnte er sich voll konzentrieren, eine entsprechende Leistung dauerhaft abrufen und sie gestalten. Diese Aktivität stellte für ihn keine Schwierigkeit dar, sondern erfüllte ihn mit Freude. Mehr noch, er kann von dem positiven Erlebnis noch profitieren und Energie tanken.

Unser Beispiel zeigt: Zwar dringen unzählige Informationen unablässig zu uns vor, bewusst passieren jedoch nur einige wenige unseren Verarbeitungskanal. Das ändert sich auch dann nicht, wenn uns immer mehr Reize und Informationen immer schneller erreichen. Im Gegenteil, das ermüdet und stresst uns. Wenn hingegen ein Erregungsmuster stark genug ist, beginnen wir bewusst wahrzunehmen. So ging es beispielsweise Peter, als er aus der Unterhaltung der zwei Frauen etwas über Sneaker-Socks aufschnappte. Kurzfristig wurden bei Peter Ängste und Wünsche wach, durch innere Bilder aktiviert – «Wie könnte ich den Mädchen gefallen? Oh Gott, auch ich habe lange weiße Socken an». Damit hat sich der Fokus seiner Aufmerksamkeit für kurze Zeit geändert. Und prompt ist Peter fast an seiner üblichen Station vorbeigefahren.

Schon diese vermeintlich leichte simultane Aufgabenstellung führte zu einer fehlerhaften Leistung (Haltestelle beinahe verpasst!). Im Gegenzug dazu war das Fahrradfahren und die Wahrnehmung von Werbebotschaften eine Simultanleistung, die Peter leisten konnte. Was ist aber der Grund dafür, dass manche Aufgaben gleichzeitig erledigt werden können und andere nicht?

Auf der Suche nach dem Geheimnis der Gleichzeitigkeit sind Psychologen in den vergangenen Jahrzehnten auf unterschiedliche Faktoren gestoßen. Sehr einfache Tätigkeiten belasten unser Gehirn kaum. Hierbei handelt es sich zumeist um automatisierte Tätigkeiten, beispielsweise ist essen (einfache Tätigkeit) und sich gleichzeitig unterhalten (schwierige Tätigkeit) durchaus möglich. Auch abwaschen und telefonieren (einfach) lassen sich zur gleichen Zeit erledigen. Die Aufgabenschwierigkeit ist also ein entscheidender Punkt, wenn es um die gleichzeitige Ausführung von zwei Aufgaben geht.

Die drei von uns vorgestellten Theorien und auch wir gehen davon aus, dass unsere Aufmerksamkeit eine limitierte, aber flexibel einsetzbare Ressource ist. Daher können wir unsere Aufmerksamkeit auf eine Tätigkeit konzentrieren oder auf mehrere Aufgaben verteilen. Schwierige Aufgaben erfordern dabei logischerweise einen höheren Einsatz von Aufmerksamkeit. Handelt es sich hingegen um einen weitgehend automatisierten Prozess, ist nahezu kein Denkaufwand erforderlich. Somit sind die Ressourcenanforderungen an unser Gehirn für diese Tätigkeit äußerst gering. Die anspruchsvolle Aufgabe erhält den Löwenanteil unserer Verarbeitungskapazität, und mit dem Rest können wir durchaus andere Aktionen steuern. Fahrradfahren (wenn automatisiert = einfach) und das Wahrnehmen einer Werbebotschaft (hohe Kapazitätsanforderung = schwierig) zur gleichen Zeit wäre dafür ein Beispiel.

Welche Rolle spielen Automatismen?

Um Tätigkeiten automatisiert ausführen zu können, ist viel Übung erforderlich. Es ist noch kein Meister vom Himmel gefallen und ein emotionaler Reiz von außen wirft uns sofort zurück. Denken Sie einmal an Ihre erste Fahrstunde: Gang einlegen, Kupplung langsam kommen lassen, vorher Schulterblick, Blinker setzen, Gas geben, leicht nach links lenken. Oh Gott, auf was muss ich denn noch alles achten? Verkehrsschilder, beim Rechtsabbiegen auf die Fußgänger Rücksicht nehmen und, und, und. An eine intensive Unterhaltung mit Ihrem Fahrlehrer war zu diesem Zeitpunkt wohl nicht zu denken. Bestenfalls haben Sie seine Anweisungen vernommen, aber auch das nur kurz und deshalb, weil sie einfach, klar und prägnant, also eindeutig, waren – «rechts abbiegen». Ein Gespräch über Sport, die neuesten Entwicklungen im Automotivbereich oder den Klatsch und Tratsch aus der Gegend hätten Sie wohl kaum führen können.

Zu dem Zeitpunkt war das Autofahren für Sie so gut wie noch gar nicht automatisiert, die Anforderung an Ihre Verarbeitungsressourcen extrem hoch. Eine Aufgabe mit einem ähnlich hohen Ressourcenaufwand hätten Sie zu diesem Zeitpunkt nicht erledigen können. Wenn Sie es dennoch getan hätten, wäre Ihre Leistungsfähigkeit extrem gesunken. Wären Sie beispielsweise auf eine Unterhaltung mit Ihrem Fahrlehrer eingegangen, dann hätten Sie mit Sicherheit einige Verkehrsschilder übersehen und vielleicht sogar eine rote Ampel nicht wahrgenommen.

Heute, nach vielen Jahren Praxis im Autoverkehr, ist Ihnen vieles in Fleisch und Blut übergegangen. Das meiste läuft völlig automatisch ab, die Anforderung an Ihr Gehirn ist äußerst gering. Für eine Unterhaltung beim Fahren, also eine Tätigkeit mit vergleichsweise hohem Denkaufwand, steht nun genügend Verarbeitungskapazität zur Verfügung. Eine Gleichzeitigkeit ist möglich, wenn nicht eine neue Unbekannte dazu kommt, denn auch die gleichzeitige Erledigung von automatisierten und schwierigen Aufgaben hat Grenzen.

Der Tag geht langsam zu Ende, die Sonne sinkt, ein lauer Sommerabend steht bevor. Kitschig und überladen wirken der lila-orange-gelbe Abendhimmel und die dramatischen Wolken-

fetzen am Horizont. Das Meeting ist gut gelaufen. Immer noch sind es 20 Grad Celsius, jetzt bricht die Dämmerung sanft herein. Renate und Markus unterhalten sich intensiv und angeregt über den Ablauf der Besprechung. Ein lebendiges, aktives Gespräch entwickelt sich zwischen den miteinander vertrauten Kollegen. Das Meeting war wirklich ein großer Erfolg für die beiden. Ihre Forderungen wurden, zu ihrer eigenen Überraschung, in vollem Umfang erfüllt. Freude, Zufriedenheit und Ausgelassenheit liegen in der Luft. Das Fahren über die wunderschöne alte Allee, durch Wiesen, Felder und Wald geschieht wie von selbst.
Wie aus dem Nichts taucht es plötzlich auf. Ein Tier! Ein Reh! Verdutzt dreht es seinen Kopf in Richtung der Lichtkegel des Autos. Ein kurzer Aufschrei, ein leiser Fluch, dann herrscht Stille. Schlagartig ist das Gespräch verstummt. Alle Konzentration gilt dem Ausweichmanöver. Freude ist starker Anspannung gewichen.

Der Fokus der Aufmerksamkeit hat sich in diesem Beispiel in Bruchteilen von Sekunden geändert. Leichtigkeit hat sich in enorme Anspannung verwandelt. Damit verändern sich auch schlagartig die Anforderungen bei der Informationsverarbeitung. Ein angeregtes Gespräch ist nicht mehr möglich, denn die neue Aufgabe erfordert die volle Kapazität. Ende der Gleichzeitigkeit.

Wir können zwar manche Aufgaben üben und Sie somit automatisieren, doch sobald sie über den einfachen Automatismus hinausgehen, entwickeln sie sich umgehend zurück in eine Anforderung, die unsere volle Aufmerksamkeit fordert und verdient. Und noch eines wird bei eingehender Betrachtung vieler Aufgaben klar: Nur sehr wenige lassen sich üben und automatisieren.

Was bewirkt die Ähnlichkeit von Aufgaben?

Neben der Schwierigkeit von Aufgaben und der Übung spielt die Ähnlichkeit von Aufgaben eine entscheidende Rolle bei der gleichzeitigen Ausführung zweier Tätigkeiten. Je verschiedener zwei Aktionen sind, desto wahrscheinlicher werden in unserem Gehirn getrennte Ressourcen beansprucht, sie kommen sich nicht unmittelbar in die Quere. Zum Beispiel sind das Hören von Musik und das gleichzeitige Schreiben einer E-Mail oder eines Briefes anscheinend machbar. Da unterschiedliche Gehirnregionen beansprucht werden, führt dies zu keiner direkten Beeinträchtigung, sofern die Gesamtkapazität nicht überschritten wird. Doch in unvorstellbar kleinen zeitlichen Dimensionen springt unsere Aufmerksamkeit hin und her und gaukelt uns somit die Gleichzeitigkeit nur vor. Sind die Aufgaben sehr unterschiedlich, ist die Verarbeitungskapazität grundsätzlich höher als bei ähnlichen Aufgaben, die ja den gleichen Kanal nutzen. Das lässt uns glauben, wir könnten mehrere Aufgaben nebeneinander erledigen.

Doch schon wenn eine der Aktionen ein wenig schwieriger wird, zeigen sich erneut die Grenzen der Gleichzeitigkeit. Wenn Sie die Musik im Hintergrund nicht nur hören, sondern auch sagen sollen, welcher Komponist oder Interpret gerade aus dem Lautsprecher erklingt und dabei in gleicher Geschwindigkeit und Konzentration Ihren Brief weiterschreiben sollen, werden Sie das nicht schaffen. Kurzfristig werden nämlich erhöhte Anforderungen gestellt. Das reine Hören wird mit einer Gedächtnisleistung gekoppelt. Diese wiederum benötigt mehr Kapazitäten, um in Ihrem Speicher die passende Antwort zu finden. Deshalb gerät das Schreiben ins Stocken, denn die Suche nach den Daten für das Musikstück im Langzeitgedächtnis hat Ressourcen angefordert, die nun für die Suche nach den richtigen Wörtern für Ihren Brief nicht mehr zur Verfügung stehen. Das Gefühl der Gleichzeitigkeit entsteht somit mehr oder minder durch ein extrem schnelles Hin- und Herspringen zwischen verschiedenen Kontexten. So wird unsere Konzentration immer wieder unterbrochen, wir werden abgelenkt. Unsere Grenzen sind klar gesteckt.

Die Schwierigkeiten, die damit verbunden sind, Aufgaben gleichzeitig zu erledigen, haben nicht nur die Wissenschaftler beschäftigt. Wir erleben sie tagtäglich und wollen sie doch nicht wahrhaben. Doch wenn wir bereit sind zu akzeptieren, dass manches eben nicht oder nur scheinbar geht, und die Regel befolgen, nur eine Aktion und nicht mehrere gleichzeitig auszuführen, können wir von einer guten, ja sogar sehr guten Konzentration ausgehen. Der Gewinn wird sich in Form klar messbarer Resultate niederschlagen, egal ob es um Noten, Fehlerhäufigkeit oder strukturierte Abläufe geht. Aber gilt dies grundsätzlich für alle Menschen? Was ist der Grund für eine manchmal wahrnehmbare unterschiedliche Performance? Und gibt es wirklich Unterschiede zwischen Mann und Frau?

Die Geschlechter im Fokus

«Unglaublich! Das gibt es doch gar nicht!» Die Butterdose ist wieder einmal weg. Paul weiß genau, dass er sie gestern in das mittlere Fach des Kühlschranks gestellt hat, gleich neben den Joghurt und die Buttermilch, direkt auf die Wurstdose. Nur – da finden sich jetzt der Streichkäse und die Schüssel mit der aufgeschnittenen Paprika. Ärger macht sich in ihm breit.

Paul blickt nach oben, sucht im unteren Fach, im Gemüsefach und in der Kühlschranktür. Sein Kopf bewegt sich hin und her. Nein, von der Butter ist weit und breit nichts zu sehen. «Karin hat sie wieder irgendwo hingestellt, wo keiner sie findet», denkt Paul grimmig. Oder vielleicht hat Aline, seine Tochter, sie mit in ihr Zimmer genommen?

«Karin, wo hast Du die Butter versteckt?», ruft er.

«Im Kühlschrank», kommt es postwendend und viel zu freundlich aus dem Wohnzimmer zurück.

«Nein, da ist sie nicht», poltert Paul.

«Natürlich», antwortet Karin mit betont langem Geduldsfaden, «du musst nur die Augen aufmachen.»

«Die habe ich auf», entgegnet Paul knurrend und schon sichtlich genervt. Genau hier, im mittleren Fach, hat er die Butter gestern platziert. Das ist so sicher wie das Amen in der Kirche. «Halten mich denn alle hier für unfähig?», denkt Paul wütend. Er hört Karins Schritte näherkommen. Mit einem leichten Seufzer steht sie plötzlich neben ihm. Ein Blick, ein Griff, und wie von Geisterhand fördert sie die Butterdose zutage.

«Ich habe sie nur nach oben geräumt, damit der Joghurt Platz hat», ist Karins beiläufiger Kommentar.

«Unglaublich», denkt Paul, «warum kann die Butter nicht da stehen bleiben, wo sie immer steht.»

Solche oder ähnliche Erlebnisse kennen wir aus dem Alltag wohl zur Genüge. Zumindest aus der einen oder anderen Position. Gehören Sie dem männlichen Geschlecht an, werden Sie den Ärger von Paul gut verstehen können. Gestern noch haben Sie den Gegenstand der Begierde an einen bestimmten Platz gestellt, und heute ist er einfach nicht mehr da. Aus welchen Gründen auch immer, er befindet sich an einem anderen Ort. Und schon haben wir das Dilemma. Finden werden wir unser gesuchtes Objekt, jedenfalls als männliches Mitglied dieser Gesellschaft, ohne fremde Hilfe vermutlich nicht. Auf jeden Fall nicht so schnell. Karin vertritt in diesem Beispielsfall die eher weibliche Seite, die durch ihren anderen Blickwinkel immer wieder Stress abbauen und vermeiden hilft.

Gut, vielleicht trifft unser Beispiel nicht auf alle Männer und alle Frauen zu, und eventuell gehören gerade Sie, die oder der Sie diese Zeilen aufmerksam lesen, zu den wenigen Ausnahmen. Auch möglich, dass es Ihnen als Frau so geht wie Paul und Sie Ihren Mann oder Kollegen benötigen, um verräumte Sachen wiederzufinden. Wenn dem so ist, sind Sie die berühmte Stecknadel im Heuhaufen, nichts ist so beständig wie die Ausnahme. Allen anderen, die sich in unserer Geschichte sehr wohl wiederfinden, gleich ob es um Butterdosen oder Geschäftspapiere geht, sei gesagt, Sie sind die Regel.

Wie Männer und Frauen wahrnehmen

Vor Millionen von Jahren begann sich unsere Spezies zu verändern, um zu dem zu werden, was wir heute sind. Das Gehirn von Frauen und Männern hat sich dabei recht unterschiedlich entwickelt. Nicht besser oder schlechter, sondern eben einfach nur anders. Die beiden Geschlechter verarbeiten Informationen auf eine bestimmte Weise und denken unterschiedlich. Auch die Prioritätensetzung und eine große Anzahl der Verhaltensweisen sind ungleich. Einer der Gründe hierfür könnte die frühere Aufgabenverteilung – er als Beutejäger und sie als Nesthüterin – sein. Denn Tatsache ist, dass sich auch das Gehirn an die jeweiligen Aufgaben anpassen musste – einhergehend mit der körperlichen Entwicklung –, um das Überleben der gesamten Spezies zu sichern.

Welche Faktoren auch immer bei der Entwicklung eine Rolle gespielt haben, es ist nicht von der Hand zu weisen, dass die Möglichkeiten der Wahrnehmung, also äußere Reize und Informationen über die Sinnesorgane aufzunehmen, bei Frauen und Männern sehr unterschiedlich sind. So haben Frauen in der Regel nicht nur eine größere Artenvielfalt von Zäpfchen auf ihrer Netzhaut, sondern sie verfügen auch über ein viel größeres Blickfeld. Das einsehbare Blickfeld einer Frau umfasst mindestens 45 Grad rechts und links von ihrem Kopf, oberhalb und unterhalb der Nase ungefähr genauso viel. Das periphere Blickfeld mancher Frauen reicht sogar fast bis zu 180 Grad. Demgegenüber wirkt das Blickfeld eines Mannes nahezu tunnelartig. Dinge, die direkt vor ihm liegen oder sich auch in größeren Distanzen befinden, kann er klar und deutlich sehen und auf sie fokussieren. Gegenstände oder Menschen jenseits dieses Blickfelds nimmt er kaum wahr.

Eine mögliche Erklärung für dieses Phänomen mag durchaus in den Anfängen unserer Geschichte zu finden sein. Als Jäger musste der Mann, um die Beutetiere auszumachen, einen ausgeprägten Orientierungssinn – auch über größere Distanzen – und eine hohe Zielgenauigkeit aufweisen. Damit er seine Beute in der Ferne anvisieren konnte und das Ziel nicht aus den Augen verlor oder anderweitig abgelenkt wurde, durften die Details rechts und links des Wegrands ruhig ausgeblendet werden. Dies würde auch das in der Regel ausgeprägte Vorstellungsvermögen von Männern erklären. Ganz anders unsere weiblichen Zeitgenossen. Als «Nesthüterin» benötigte die Frau unbedingt ein weites Blickfeld, um eventuelle Raubtiere schon früh zu erkennen und den Überblick über das gesamte Nest (Höhle) zu bewahren.

Ohne eine einzige Kopfbewegung kann Karin den Kühlschrank unter die Lupe nehmen und deshalb problemlos scheinbar Verlorenes wieder zutage befördern. Paul hingegen muss seinen Kopf drehen und wenden, um alles sehen zu können. Nur mit etwas Glück hätte auch er die Butterdose finden können.

Was sich bei der visuellen Wahrnehmung offenbart, lässt sich auch im auditiven Bereich erkennen. So verfügen Frauen über eine viel feinere Wahrnehmung von Geräuschen oder Tönen jeder Art. Männer hingegen können aufgrund ihres räumlichen Vorstellungsvermögens und ihres ausgeprägten Orientierungssinns ohne lange zu überlegen orten, woher ein Geräusch oder eine Stimme kommt. Beispiele für die anderen Wahrnehmungskanäle lassen sich ebenfalls finden.

Wie eingangs erwähnt: Wir beschreiben hier die Regel. Sicherlich gibt es auch Frauen mit einem ausgeprägten räumlichen Vorstellungsvermögen und Männer mit einem Blickfeld von 180 Grad. Die Wahrscheinlichkeit, eine solche Person zu treffen, ist jedoch genauso groß wie die, Frauen mit einer Körpergröße von 1,90 Metern oder Männern, die kleiner als 1,60 Meter sind, zu begegnen. Jedoch stellen die Wissenschaftler fest, dass sich die Grenzen zwischen den Geschlechtern immer mehr verwischen.

Beginnen Sie doch damit, Ihr direktes Umfeld genauer zu beobachten. Sehr schnell werden Sie feststellen, dass die von uns erwähnten Phänomene durchaus häufiger in freier Wildbahn auftauchen, als Sie gemeinhin vermutet hätten.

Neben diesen offensichtlichen Unterschieden zwischen den Geschlechtern haben in den Neunzigerjahren Wissenschaftler durch zahlreiche Untersuchungen festgestellt, dass das Corpus callosum – das sind die Nervenfaserstränge, die die rechte und linke Gehirnhälfte verbinden – bei Frauen und Männern eine unterschiedliche Dicke aufweisen. Bei Frauen ist dieser Nervenstrang dicker, was auf eine höhere Verbindungsfrequenz hindeuten könnte. Die höhere Anzahl der Verbindungen lässt vermuten, dass der Informationsaustausch zwischen beiden Gehirnhälften rascher funktioniert. Bewiesen ist das nicht. Schließlich wissen wir auch, dass das Gehirn von Männern größer ist, aber dennoch nicht unbedingt leistungsfähiger. Nun den Schluss zu ziehen, Frauen seien auf Multitaskingbetrieb ausgerichtet, während Männer nur darauf programmiert sind, eine Sache nach der anderen zu erledigen, hieße fälschlicherweise das Corpus callosum als den Flaschenhals bei der Informationsverarbeitung zu identifizieren.

Sind Frauen multitaskingfähig und Männer nicht?

Unbestritten ist, dass Frauen anders wahrnehmen als Männer. Und auch die Verarbeitung von aufgenommenen Informationen und Sinnesreizen geschieht auf andere Art und Weise. Doch das bedeutet immer noch nicht, dass Frauen über eine höhere Verarbeitungskapazität verfügen oder gar problemlos zwei Tätigkeiten gleichzeitig ausüben könnten. Auch die Tatsache, dass Frauen im Allgemeinen über eine stärkere Intuition und ein größeres Sensorium verfügen, lässt noch keinen verbindlichen Rückschluss zu, sie wären dadurch auch fähig, mehrere Aufgaben parallel zu lösen.

Nichtsdestotrotz hält sich in unserer Gesellschaft hartnäckig das Gerücht, Frauen seien im Gegensatz zu Männern multitaskingfähig. Ein bekanntes Beispiel, das dies beweisen soll, ist der sogenannte Zahnputztest: Die männlichen Zeitgenossen verweilen beim Zähneputzen gewöhnlich am Waschtisch, während die Dame diese Zeit dazu nutzt, die Waschmaschine zu befüllen, den Duschgelvorrat zu checken, in einer Zeitschrift zu blättern oder welche Aufgaben auch immer nebenbei zu erledigen. Zähneputzen gehört in die Kategorie einfache Aufgabe, ähnlich wie das Fahrrad- oder Autofahren. Über Jahre haben wir, Frauen wie Männer, diese Tätigkeit geübt und beherrschen sie fast im Schlaf. Für derart automatisierte Aufgaben ist nahezu kein Denkaufwand erforderlich, die Ressourcenanforderung an unser Gehirn somit äußerst gering. Andere Tätigkeiten können demzufolge durchaus ausgeführt werden, auch Männern könnte dies gelingen.

Warum, stellt sich ganz klar die Frage, machen das Männer dann nicht? Nun, sie sehen in der Regel überhaupt keinen Sinn darin, mehrere automatisierte Dinge gleichzeitig zu tun. Sie widmen sich bevorzugt einer Sache und setzen sich dann ausschließlich damit auseinander. Aus männlicher Sicht gibt es keinen einzigen Grund, warum man sich neben dem Zähneputzen noch anderen Dingen widmen sollte. Die Priorität ist klar und deutlich gesetzt. Wieso sollten zu diesem Zeitpunkt Duschgel, Waschmaschine und Ähnliches interessieren? Genau diese Fokussierung und nicht Bequemlichkeit führen auch heute noch zu den immer wieder auftretenden «Das-Toilettenpapier-ist-alle-kannst-du-es-nicht-auffüllen-wenn-du-das-letzte Blatt-genommen-hast»-Diskussionen. Nein, der Mann wird die Rolle nicht wechseln, denn er ist kein Nesthüter, sondern ein Jäger mit einem anderen Blick und einer anderen Ausrichtung. Falls er es doch tut, hat er diesen Vorgang durch häufiges Üben erlernt. Das zu verstehen ist als Frau eigentlich nicht möglich, doch versuchen Sie, es zumindest zu akzeptieren.

Von der Wahrnehmung zur Verarbeitung

Was bleibt, ist die Tatsache, dass Frauen anders wahrnehmen und anders verarbeiten. Die Intuition des weiblichen Geschlechts, einhergehend mit einer oftmals höheren Emotionalität, kann dazu führen, dass die Wichtigkeit eines Sinneseindrucks anders eingeschätzt wird. Wie diese Einschätzung ausfällt, ist ausschlaggebend für die bewusste Wahrnehmung. Und Sie wissen es ja schon, erst durch die bewusste Wahrnehmung erfolgt eine entsprechende Reaktion, das heißt die Verarbeitung einer Information. Wird die Schwelle zur bewussten Wahrnehmung – eventuell auch wegen einer größeren Sensorik und einer teilweise höheren Emotionalität – schneller erreicht, setzen auch entsprechende Verarbeitungsprozesse zügiger ein. Das bedeutet, dass Frauen fähig sind, aufgrund eines niedrigeren Erregungsmusters bei eintreffenden Reizen schneller neue spezifische und erweiterte Aktivierungsmuster zu entwickeln. Ihre höhere Sensibilität ermöglicht es ihnen, früher auf Reize zu reagieren. Ein Mann beispielsweise merkt erst spät oder gar nicht, dass seine Frau mit einem anderen flirtet, während sie schon früh quasi spürt, dass sich Anspannung, Gesichtsausdruck und seine Stimmung ändern, wenn er mit einer anderen Kontakt aufnimmt.

Eine weitere Erklärung für die unterschiedliche Wahrnehmung und Verarbeitung von Informationen bei Frauen und Männern könnte auch sein, dass die intensiveren und breiteren Wahrnehmungsmöglichkeiten von Frauen bereits von Kindesbeinen an bewirken, dass die Gesamtheit der inneren Bilder differenzierter und vielfältiger ist als bei Männern. Die Fähigkeit unseres Gehirns, wahrzunehmen, hängt auch damit zusammen, dass wir in der Lage sind, die schon angelegten inneren Bilder und Aktivitätsmuster mit den neuen, über die Sinneskanäle ankommenden Reize und Informationen zu vergleichen. Wie genau diese Abstimmung erfolgt, haben die Wissenschaftler noch nicht endgültig geklärt. Sie vermuten, dass die eintreffenden Sinnesdaten zunächst ein inneres Wahrnehmungsbild erzeugen. Hierzu werden passende, in den höheren Arealen der Hirnrinde vorhandene innere Bilder herangezogen. Anhand des Ergebnisses formt unser Gehirn ein bestimmtes Erwartungsbild, das zunächst im Kurzzeitgedächtnis abgelegt und bearbeitet wird, um anschließend ein charakteristisches Aktivierungsmuster auszulösen.

Wenn ein bereits vorhandenes und das eben erst entstandene Modell teilweise übereinstimmen oder sich überlagern, wird das durch den von außen kommenden Reiz neu entwickelte Erwartungsbild geöffnet. Das Gehirn beginnt dieses zu modifizieren und vergleicht es dabei permanent mit den eintreffenden Sinnesdaten. Erst wenn durch diesen ständigen Abgleich ein neues Erwartungsbild entstanden ist, das sich mit den Wahrnehmungsbildern deckt, endet der Prozess. Damit ist eine weitere Möglichkeit in den Schatz der bereits vorhandenen inneren Bilder integriert. Wir haben dazugelernt.

Wie Sie sich unschwer vorstellen können, erfordert ein solcher Prozess Zeit und Verarbeitungskapazität: vergleichen, abgleichen, anpassen, wieder vergleichen, erneut anpassen. Demgegenüber bleibt in dem Fall, dass beide Erregungsmuster gleich sind, alles wie gehabt. Aufgrund der Tatsache, dass das neue Bild nur ein vorhandenes bestätigt, sind die eingegangenen Reize und Informationen für das Hirn völlig uninteressant. Sie können nunmehr routinemäßig aufgrund der ja schon vorhandenen Aktivierungsmuster beantwortet oder verworfen werden. Das hat zur Folge, dass keine zusätzlichen Aktivitäten des Gehirns mehr nötig sind, sodass wir uns ohne größere Zeitverzögerung neuen Reizen und Informationen zuwenden können.

Wenn wir nun davon ausgehen, dass Frauen wesentlich mehr innere Bilder entwickelt haben als Männer, bedeutet dies: Bei vielen auftreffenden Reizen, gleich über welchen Sinn sie wahrgenommen werden, sowie bei ankommenden Informationen von außen führt der Vergleich mit den inneren Bildern zu dem Ergebnis, dass es nichts Neues gibt. Zusätzliche Aktivitäten sind daher nicht notwendig, weder Zeit noch Kapazität werden verbraucht. Aus der Distanz betrachtet mag dadurch der Eindruck entstehen, dass Informationen und Reize gleichzeitig verarbeitet würden. Jede Frau hätte also ein multitaskingfähiges Gehirn.

Aber auch bei Frauen, so zeigen wissenschaftliche Experimente, wechselt bei mehreren zu lösenden Aufgaben die Ausrichtung der Aufmerksamkeit. Die oben erwähnten Phänomene führen manchmal lediglich dazu, dass dieses Wechselspiel schneller erfolgt als bei Männern, da Reize und Informationen nicht weiter bearbeitet werden müssen. Das weibliche Gehirn ist nun einmal durch die höhere Sensorik vernetzter. Von Natur aus mischen Frauen mehrere Aufgaben vor allem deshalb, weil dies beim Großziehen von Nachwuchs überlebensnotwendig und absolut sinnvoll ist. Multitaskingfähig sind Frauen deshalb nicht – und doch hält sich dieses Gerücht hartnäckig.

Die Vorteile neuer Perspektiven

Grundsätzlich ist das, neutral betrachtet, weder negativ noch positiv zu bewerten. Zum Problem wird diese angebliche Fähigkeit nur wegen der heutigen gesellschaftlichen Normen, die Frauen, auch Dank und trotz der Emanzipation, selbst mitgeschaffen haben. Scheinbar müssen sie und wollen sie ja dauernd beweisen, dass sie jederzeit alles können. Wir sehen förmlich vor uns, wie sich an dieser Stelle die Stirn unserer weiblichen Leser in Falten legt. Machen Sie sich bewusst, dass eine große Chance damit verbunden ist, wenn Sie den Dauerstress erkennen, dem Sie nur allzu häufig unterliegen. Denn so können Sie ihn anschließend ablegen.

Im Lauf unserer Geschichte haben wir Menschen uns glücklicherweise stetig entwickelt und den jeweiligen Umständen angepasst. Die Anforderungen an Frauen und Männer haben sich über Jahrtausende hinweg verändert. Das hat dazu geführt, dass sich beide Geschlechter bezüglich ihrer Aufgaben und Rollen heute nicht mehr so sicher sind wie noch vor 100 Jahren. Die Rollenvorstellungen und die gesellschaftlichen Regeln wandeln sich, wodurch neue Möglichkeiten, aber auch neue Grenzen entstehen. Der Kampf ums nackte Überleben ist (zumindest in unserer westlichen Welt) vorbei. Es geht nicht mehr ausschließlich um Flucht- und Kampfreaktionen, um Beschützen und Ernähren. Die Stressoren von heute verlangen oftmals neue Lösungen und Wege. So entsteht eine neue Rollenverteilung, und damit stellt sich auch die Frage, wie sich die Geschlechter innerhalb der Gesellschaft positionieren.

Wer sich mit dieser Thematik befasst, darf und kann natürlich nicht Halt machen, wenn es darum geht, die Fähigkeiten von Frau und Mann grundsätzlich zu beurteilen. Damit verbunden ist, wie schon erwähnt, eine Chance: Alle können neutral und gleichberechtigt an die Ergründung der eigenen Fähigkeiten herangehen, um die eigenen Stärken herauszuarbeiten und frei leben zu können! Was wäre zum Beispiel, wenn Frauen nicht mehr ständig beweisen müssten, dass sie alles gleichzeitig können, weil jeder weiß, dass es nicht geht? Und wie wäre es, wenn Männer nicht mehr immer das Gefühl vermittelt bekämen, simpel und durchschaubar zu sein? Wie es dann bei uns zuginge, das ist doch spannend, und die Aussichten bergen immense Vorteile für beide Geschlechter. Neugierde könnte hier von großem Nutzen sein. Denn nur mit ihr können neue, entschleunigte Wege und Lösungen gefunden werden, die uns mehr Freiräume im täglichen Leben erschließen.

Extremsport Multitasking: Erfolg durch Training?

Unsere bisherigen Überlegungen haben gezeigt, dass die gleichzeitige Bearbeitung wahrgenommener Informationen und Reize nur unter ganz bestimmten, sehr eingeschränkten Bedingungen stattfinden kann. Die schnelle Lösung zweier oder mehrerer Aufgaben erreichen wir nicht dadurch, dass wir sie gleichzeitig angehen, sondern die vermeintliche Kunst besteht darin, möglichst rasch und übergangslos zwischen verschiedenen Anforderungen wechseln zu können. Würde es uns gelingen, unsere grauen Zellen daraufhin zu trainieren, wäre zumindest nach außen hin eine scheinbare Doppelaufgabenperformanz, also die gleichzeitige Erledigung mehrerer Aufgaben ohne Zeitverlust, möglich. Was aber wäre hierzu nötig?

Um unser Gehirn bewusst zu trainieren, müssen wir immer eine bestimmte Funktion und vor allem den dazu passenden Bereich auswählen. Das Ziel, mehrere Aufgaben schnell und gleichzeitig zu erledigen, ließe sich beispielsweise langfristig am besten erreichen, indem wir unser Kurzzeitgedächtnis trainieren. Nur wenn dessen Kapazität erhöht wird, könnte eine echte Veränderung in Richtung Multitaskingfähigkeit erzielt werden. Auf den ersten Blick erscheint ein solches Vorgehen durchaus erfolgversprechend. Lernen wir zum Beispiel, ein Musikinstrument zu spielen, verbessern sich sowohl die feinmotorischen Fähigkeiten als auch die akustische Verarbeitung der Töne. Weshalb also sollten sich nicht auch Hirnareale, die mit der Kapazität des Kurzzeitgedächtnisses zu tun haben, entsprechend trainieren lassen?

Das Kurzzeitgedächtnis auf dem Prüfstand

Ob das möglich ist, wurde vor allem in den frühen Siebzigerjahren durch einige wenige Experimente überprüft. Ein Durchbruch wurde nicht erreicht, und so gehen die meisten Psychologen bis heute davon aus, dass das Kurzzeitgedächtnis eine statische, feste und unveränderliche Größe ist. Der Neurowissenschaftler Earl C. Butterfield unternahm im gleichen Jahrzehnt mit seiner Studie den Versuch, das Gegenteil zu beweisen. Er versuchte Kindern Strategien beizubringen, mit deren Hilfe sie Kurzzeitgedächtnisaufgaben leichter lösen können würden. Sie erhielten eine Reihe von Anweisungen, denen sie folgen sollten, um unterschiedliche Ziffernfolgen einfacher zu behalten. Und es funktionierte. Nach vielen Trainingseinheiten konnten die Kinder sich beliebige Ziffernfolgen schneller und leichter merken. Die Strategie von Butterfield ging auf – allerdings nur, wenn es sich um Zahlen handelte. Unterbreitete man denselben Kindern nach dem Intensivtraining andere Kurzzeitgedächtnisaufgaben, so schnitten sie nicht besser oder schlechter ab als ihre unvorbereiteten Kameraden. Eine bestimmte Strategie zu erlernen, scheint also nicht allgemein zu Verbesserungen der Gedächtnisleistung zu führen. Ganz im Gegenteil, der Erfolg ist begrenzt auf den jeweiligen Informationstyp, auf den das Training zugeschnitten ist. Weitere Untersuchungen bestätigten dieses Ergebnis. Ein bestimmtes Training, so der allgemeine wissenschaftliche Tenor, hat also immer nur Auswirkungen auf ein ganz spezielles Leistungsmerkmal und somit nur auf die Hirnregion, die bei der dazugehörigen Aktion beansprucht wird.

Der Neurowissenschaftler Torkel Klingberg zieht in seinem jüngst erschienenen Buch hieraus den Schluss, dass sich infolge eines Trainings einzelner Gehirnregionen auch durchaus positive Effekte auf das gesamte Kurzzeitgedächtnis ergeben würden.[1] Eine gewagte und eventuell folgenschwere Aussage, die unserer Auffassung nach leicht missverstanden werden kann. Denn sie erweckt auf den ersten Blick den Eindruck, Multitasking ließe sich vielleicht doch erlernen. Klingberg behauptet allerdings keineswegs, wir könnten uns darin verbessern, mehrere Dinge gleichzeitig zu tun, sondern er vertritt lediglich die Meinung, durch Übung ließe sich die Leistung unseres Arbeitsgedächtnisses steigern. Das ist ein gravierender Unterschied, denn hier geht es eher um eine Verbesserung der Konzentration. Und die lässt sich sicher durch Training steigern, diese Ansicht teilen wir!

Doch selbst wenn es uns gelingt, durch gezieltes Training unser Kurzzeitgedächtnis zu pushen, sodass Aufgaben schneller erfasst und gelöst werden könnten, ändert das nichts an dem ständigen Hin- und Herspringen der Aufmerksamkeit. Der Stress bleibt also erhalten. Der Hirnforscher und Psychologe Ernst Pöppel vom Institut für medizinische Psychologie der Münchner Ludwig-Maximilians-Universität hält von solchen Trainings deshalb sehr wenig. Das scheinbare Trainieren des «Zappens» zwischen unterschiedlichen Informationen, Aufgabenstellungen und Reizen führe zu einem schizoiden Denken, so seine Aussage. Nichts werde miteinander verbunden, und aus den eintreffenden Informationen und Reizen könnten keine nachhaltigen neuronalen Repräsentationen gebildet werden, das heißt, es entstehen keine neuen Bilder. Auf Dauer wird sich unser Gehirn hiergegen wehren. Klingberg betont ebenfalls die negativen Effekte des Infostresses auf unser Wohlbefinden und auf unsere Leistungsfähigkeit, auch wenn er davon überzeugt ist, dass sich die Verarbeitungskapazität unseres Kurzzeitgedächtnisses durch Training oder veränderte äußere Umstände steigern lässt.

Die Wissenschaftler vom Center for Cognitive Brain Imaging der Carnegie Mellon University in Pittsburgh sind hinsichtlich der Steigerung der Verarbeitungskapazität durch Training völlig anderer Meinung. Mit einem Experiment untersuchten sie die Hirnaktivität von mehreren Versuchspersonen. Die Probanden sollten einerseits vorgelesene Aufgaben lösen und andererseits mehrere eingeblendete dreidimensionale Figuren in eine bestimmte Position zueinander drehen. Die Aufgabenähnlichkeit war relativ gering, die aktivierten Hirnregionen überlappten sich laut der tomographischen Untersuchung nur schwach. Zunächst lösten die Teilnehmer jede Aufgabe einzeln und übten diese Vorgänge mehrfach. Im zweiten Schritt wurden die beiden trainierten Aufgaben gleichzeitig durchgeführt. Die Forscher stellten fest, dass im

Rahmen der «Multitaskingaufgabe» das Gehirn in vielen Regionen den Betrieb stark einschränkte. Die Gesamtaktivität sank dabei um mehr als ein Drittel im Vergleich zu den Werten, die sich ergaben, als die Aufgaben einzeln durchgeführt wurden. Die Wissenschaftler zogen daraus eindeutig das Fazit, dass die Leistung unseres Gehirns sich nicht erhöhen oder verdoppeln lässt, wenn wir zwei Dinge gleichzeitig tun, sondern sie sinkt sogar.

Welche Tätigkeiten lassen sich automatisieren?

Grundsätzlich müssen wir bei Aufgaben, die wir zu bewältigen haben, zwischen zwei Typen unterscheiden. Davon war ja bereits die Rede, wir möchten an dieser Stelle noch einmal detailliert darauf eingehen. Zum einen haben wir es mit kontrollierten Prozessen zu tun, demgegenüber stehen die automatisierten Prozesse. Im ersten Fall geht es um Aufgaben, die viel Aufmerksamkeit und Konzentration benötigen. Ihre Erledigung ist durch unsere Verarbeitungs- und Aufnahmekapazität limitiert. Automatische Verarbeitungsprozesse sind zumeist dadurch gekennzeichnet, dass sie schnell ablaufen. Sie reduzieren auch die verfügbare Kapazität zur Erledigung anderer Aufgaben kaum, da sie keine Aufmerksamkeit erfordern. Sobald sie einmal in Gang gesetzt sind, werden sie quasi von selbst durchgeführt. Diese Aktionen gelangen nicht in unser Bewusstsein, sind diesem also auch nicht zugänglich. Automatisierung erreichen wir durch Übung. Denken Sie zum Beispiel an das schon beschriebene Auto- oder auch das Fahrradfahren. Die größten Leistungen in diesem Bereich erbringen Artisten. Kein Wunder also, dass sie uns so sehr begeistern, und nicht von ungefähr absolvieren sie unzählige Übungsstunden. Wenn es uns gelingt, wiederkehrende Aufgaben zu automatisieren, dann könnten wir also eine Steigerung der Doppelaufgabenperformanz erreichen. Bleibt die Frage, wie viele Tätigkeiten wir aus unserem Alltag kennen, die wir so üben könnten, dass sie keine Kapazitätsansprüche mehr an unser Gehirn stellen. Die meisten Herausforderungen, denen wir uns stellen, sind ja doch mit Informationen und Reizen gekoppelt, die sehr wohl unsere Aufmerksamkeit benötigen.

Nehmen wir beispielsweise das Abrufen von E-Mails, während wir mit einer ganz anderen Aufgabe beschäftigt sind. Das Öffnen des Programms und das Abrufen der E-Mails ist durchaus eine in den letzten Jahren erlernte leichte Tätigkeit. Benutzen wir immer das gleiche Programm, können wir die Nachrichten abrufen, ohne wesentliche Leistungsverluste bei der ursprünglich ersten Aufgabe hinnehmen zu müssen. Aber selbst das ist schon sehr dicht am Limit der Machbarkeit. Spätestens jedoch das Lesen der Betreffzeile einer eingegangenen E-Mail erfordert unsere volle Aufmerksamkeit und Verarbeitungskapazität. Unsere Leistungsfähigkeit für den anderen Prozess sinkt schlagartig und rapide ab. Dies gilt auch für den Fall, dass Sie nicht Ihr Standard-E-Mail-Programm benutzen. Die bislang unbewusste Tätigkeit des Öffnens würde zu einer Aufgabe, die Ihre volle Aufmerksamkeit erfordert, was zulasten der anderen Tätigkeiten gehen würde, die Sie gerade durchführen.

Würden wir keine Aufmerksamkeit für das Lesen der Headline oder das Öffnen eines unbekannten E-Mail-Programms aufbringen, sondern weiterhin «automatisch» vorgehen, wären die vorhandenen Informationen für uns quasi nicht existent. Denn bei automatisierten Prozessen dringen keine Reize in unser Bewusstsein vor, sie können also auch nicht verarbeitet werden. Ein späterer Versuch, sich an das Prozedere beim Öffnen des neuen E-Mail-Programms oder gar an die «Headline» der E-Mail zu erinnern, würde allein schon deshalb scheitern, weil diese Impulse weder in unser Kurzzeitgedächtnis noch in unser Langzeitgedächtnis gelangt sind. Wir haben diese Reize schlicht und ergreifend übersehen, also überhaupt nicht wahrgenommen.

Das «Zappen» zwischen unterschiedlichen Aufgaben bringt noch einen weiteren erheblichen Nachteil mit sich: Selbst wenn es uns gelingt, durch einen kurzen Schwenk den Fokus so zu verändern, dass die aktuellen Informationen in unser Erleben vordringen, wird es später schwer sein, sich an sie zu erinnern. Denn selbst die kurze Orientierung weg von unserer eigentlichen Aufgabe macht es uns nahezu unmöglich, einen Input über unser Kurzzeitgedächtnis hinaus abzuspeichern. Nach einigen Minuten verschwindet der gerade gesetzte Impuls wieder wie von Geisterhand, da er nicht zum Langzeitgedächtnis weitergeleitet wurde.

Wären wir tatsächlich multitaskingfähig, gelänge es uns, neue Informationen abzuspeichern und gleichzeitig die ursprüngliche Aufgabe mit gleichbleibender Leistung fortzuführen, da dann sämtliche Informationen die gleiche Wertigkeit hätten. Aufgaben, die Aufmerksamkeit erfordern, können wir aber nur nacheinander erledigen, wenn wir unsere Leistungsfähigkeit nicht schmälern wollen. Das liegt daran, dass wir dabei nicht auf unser «implizites Gedächtnis» zurückzugreifen können. Mit diesem Begriff bezeichnen Hirnforscher den Teil des Gedächtnisses, der es ermöglicht, ohne bewusste Erinnerungsprozesse Handlungen zu vollführen. Viele motorische Fertigkeiten oder auch Gewohnheiten sind in diesem

Gedächtnis als die beschriebenen automatisierten Prozesse abgelegt. Zweifelsohne sind durch die Veränderungen in unserer Umwelt im Lauf der Zeit neue implizite Fähigkeiten hinzugekommen, beispielsweise das Öffnen eines Computerprogramms oder das Starten eines CD-Players. Doch sobald wir eine einzige Rückkopplung, eine einzige Antwort oder gar eine kreative Entscheidung, kurzum eine zusätzliche Anforderung während dieser Tätigkeit benötigen, steht uns der einfache Weg nicht mehr offen.

Stefan, ein Artist, hat durch jahrelanges Training eine tolle Körperbeherrschung entwickelt. Er kann Einrad fahren, jonglieren mit acht Bällen und seiltanzen. Nun will er in seiner neuen Nummer mit dem Einrad auf einem Seil fahren und später dabei jonglieren. Es ist typisch für Stefan, dass er beim Einradfahren Zähne putzt, auch mal einen Kaffee trinkt. Ständig probiert er neue Dinge aus, die er mit dem Einradfahren kombinieren könnte. Als wir ihn nach möglichen Grenzen fragen, sagt er spontan: «Ich könnte niemals Einrad fahren und dabei etwas vorlesen, das ich auch noch verstehe oder gar schön betone. Doch zum Glück interessiert das die Leute sowieso nicht, es erscheint ihnen als zu wenig spektakulär. Für mich ist es ein Traum, doch egal, wie viel ich trainiere, es will mir nicht gelingen.»
Wir waren doch sehr verblüfft über diese Aussage von Stefan. Der Artist kennt nicht nur die Grenzen seiner körperlichen Fähigkeiten, sondern ihm ist auch ganz deutlich bewusst, was automatisierbar ist und was nicht! Seine neue Nummer saß hingegen innerhalb von drei Wochen. Wie immer sah das, was Stefan tat, unglaublich leicht und geschmeidig aus, eine Freude, ihm dabei zuzusehen.

Wann stoßen wir an unsere Grenzen?

Den Gegensatz zum impliziten Gedächtnis bildet das explizite Langzeitgedächtnis. In ihm sind Ereignisse, Fakten und innere Bilder gespeichert, die uns ein bewusstes Erinnern an frühere Erfahrungen ermöglichen. Um diese Daten oder Bilder abzurufen, bedarf es einer Anstrengung und entsprechender Aufmerksamkeit. Wenn Sie überlegen, was «danke» auf Französisch heißt, müssen Sie die Datenbank Ihres Langzeitgedächtnisses durchforsten, bis Sie die Stelle gefunden haben, wo diese Information abgelegt ist. Das dauert Zeit und verbraucht Kapazität. Vielleicht bemerken Sie es gerade. Als wir kurz den Impuls «danke auf Französisch» gesetzt haben, hat Ihr Gehirn in Bruchteilen von Sekunden nach einer entsprechenden Antwort gesucht. Den zweiten Halbsatz haben Sie deshalb vermutlich etwas langsamer gelesen und verarbeitet als die Sätze davor. Kein Wunder, für die Suche in Ihrer Datenbank haben Sie zusätzliche Energie benötigt. Sie sind ferner mit Ihrer Aufmerksamkeit zunächst weg- und dann, nachdem Ihre Suche erfolgreich war, wieder zurückgesprungen. Ihre Leistung beim Lesen ist deshalb kurzfristig gesunken.

Lassen Sie uns an dieser Stelle Ihr neues Wissen noch einmal zusammenfassen: Alle auf uns zukommenden Informationen und Reize sowie alle an uns gestellten Aufgaben können immer nur nacheinander ver- und bearbeitet werden. Lediglich automatisierte Handlungen lassen sich ohne einen Leistungsverlust neben einer anderen Tätigkeit ausführen. Sofern eine Aufgabe jedoch von dem gelernten und in unserem impliziten Langzeitgedächtnis vorhandenen Erinnerungsschatz abweicht, verändert sich in Bruchteilen von Sekunden die Aufmerksamkeitsfokussierung.

Solange beim Geschirrabtrocknen alles glatt läuft, werden Sie ohne größere Anstrengung gleichzeitig eine intensive Unterhaltung führen können. Spätestens wenn Ihnen aus Tollpatschigkeit ein Teller aus der Hand rutscht, ist es kurzfristig vorbei mit der angeregten Diskussion.

Nur für kürzeste Zeit abgelenkt werden Sie nun versuchen, der Erdanziehungskraft, die auf den Teller wirkt, zuvorzukommen. In unvorstellbar kurzer Zeit wird Ihr Gehirn Erfahrungen und Erkenntnisse aus seinem reichhaltigen Repertoire suchen, um den Teller zu retten. Was auch immer Sie tun, um Scherben zu verhindern, die für diesen Prozess nötige Verarbeitungskapazität fehlt Ihnen an anderer Stelle. Die Diskussion, bei der eine Vielzahl von Hirnregionen beteiligt sind, wird ins Stocken geraten. Wenn Sie es geschafft haben, den Teller aufzufangen, werden Sie innerlich kurz jubeln, eine Emotion folgt, vielleicht Erleichterung. Dann werden Sie mit voller Aufmerksamkeit zur Diskussion zurückkehren. Die kurze Unterbrechung der sonst einfachen Tätigkeit ist beendet. Ohne sich weiter bewusst mit dem Prozess «Teller abtrocknen» beschäftigen zu müssen, können Sie sich der Aufgabe «Diskussion» wieder voll und ganz widmen.

Unsere motorischen Fähigkeiten lassen sich nur bedingt darauf trainieren, die Grenzen der Machbarkeit zu verschieben. In einem Tennismatch werden Sie, obwohl Sie Ihre Bewegungsabläufe und Fertigkeiten durch Übung kontinuierlich verbessert haben, volle Konzentration benötigen, um die Schläge des Gegners gut zu retournieren oder selbst das Spiel zu steuern. Nebenbei die Mathematikaufgabe Ihres Kindes zu lösen ist unmöglich, wenn Sie den Ehrgeiz haben, das Spiel zu gewinnen. Unser Denkorgan ist mit Mehrfachaufgaben schlicht überfordert, auch wenn wir das nur ungern zugeben.

Schließlich wollen wir viele Aufgaben scheinbar nebeneinander bewältigen und diese Fähigkeit so gern besitzen.

Was wir hingegen trainieren können, ist einerseits das schnelle Umschalten der Aufmerksamkeit und andererseits die eigene Problemlösungskompetenz. Beides hat weitreichende Konsequenzen. Beim schnellen «Zappen» können wir keine nachhaltigen inneren Bilder generieren, das heißt, unser Erfahrungsschatz wächst nicht. Dies führt zu einem negativen Effekt, wir lernen kaum etwas dazu. Alles geschieht nur schnell, viele detaillierte Informationen gehen verloren. Die Leistungsfähigkeit für jede einzelne Aufgabe und damit auch für die Gesamtperformanz sinkt trotz einer wesentlich höheren Anstrengung.

Aber auch mehr Schnelligkeit bei unserer Problemlösungskompetenz bringt gravierende Nachteile mit sich. Ein Schüler, der in jeder Mathematikabfrage immer nur das Ergebnis präsentiert, wird vermutlich keine gute Benotung erhalten. Er erledigt alles im Kopf und lässt somit niemanden daran teilhaben, welchen Weg er gewählt hat, um die Aufgabe zu bewältigen. Weder seine Mitschüler haben die Chance ihm zu folgen, noch sein Lehrer kann ermessen, ob er wirklich ein Genie ist oder nur ein geschickter Betrüger. Somit sinkt nicht nur seine Glaubwürdigkeit in der Gruppe und gegenüber dem Lehrer, sondern auch die Chance, in Gemeinschaft mit anderen Herausforderungen anzupacken und zu lösen.

Wenn Gleiches in unserer Arbeitwelt geschieht, werden sich auf Dauer alle von unserem Überflieger abwenden. Keiner wird einer Lösung folgen, von der er nicht weiß, wie sie entstanden ist, oder bestenfalls erahnen kann, welche Schritte dabei gegangen wurden. Niemand wird dauerhaft an der Seite des Betreffenden stehen, weil es sinnlos ist, ihn zu unterstützen, da er keine Informationen preisgibt. In letzter Konsequenz dürfte unser «Genie» dann alles alleine machen und müsste das auch. Und trotz seiner hohen Leistungsfähigkeit ist er ebenfalls nicht multitaskingfähig. Zwar arbeitet er die Teilschritte enorm schnell nacheinander ab, doch die Leistungskurve bewegt sich am Limit. Die Zeche dafür zahlt allein er. Er verliert seine soziale Kompetenz, ist nicht mehr teamfähig. Ist dieses Szenario wirklich eine verlockende Perspektive?

II.
Irrglaube Multitaskingfähigkeit – der Preis ist hoch

Wenn wir die Grenzen unserer eigenen Leistungsfähigkeit überschreiten, ist unser Handeln zum Scheitern verurteilt. Die Folgen für die Persönlichkeit eines jeden Einzelnen, aber auch die wirtschaftlichen Auswirkungen sind immens. Machen wir uns nun auf den Weg, genauer zu erfahren, welchen Preis wir für unseren Irrglauben, dass Multitasking möglich ist, zahlen müssen.

Wie viel kostet der direkte Zeitverlust?

Wieso sollten unsere Schwierigkeiten mit der sogenannten Gleichzeitigkeit überhaupt wirtschaftliche Folgen haben? «Zeit ist Geld» lautet die Maxime unserer Zeit und prägt unser Wirtschaftssystem landauf und landab, in allen Industriestaaten und durch alle Branchen hindurch vernehmen wir den allgemeinen Tenor, dass über Zeitgewinn und ständige Verfügbarkeit Wachstum generiert werden kann. Auf diese Weise lassen sich neue Abnehmer gewinnen oder potenzielle Kunden bei Laune halten. Nicht zuletzt deshalb wurden in den vergangenen Jahrzehnten kontinuierlich die Produktions- und Dienstleistungsprozesse enorm optimiert. Vieles wurde erreicht, doch auch Grenzen wurden deutlich. Viel schneller als jetzt geht kaum noch.

Dennoch suchen wir nach weiteren Möglichkeiten, wie zusätzlich Zeit zu gewinnen ist. So verfielen wir auf die Idee, dass durch eine Verdichtung der Zeit tatsächlich neue Reserven entstehen könnten. Voraussetzung dafür ist aber, dass wir mehrere Aufgaben gleichzeitig erledigen. Wer in 15 Minuten eine Kalkulation erstellt und gleichzeitig «wichtige» Informationen per E-Mail an seine Kollegen weitergibt oder am Telefon einem Kunden die Vorzüge eines Produkts erklärt, spart eben Zeit, die verschwendet gewesen wäre, wenn er die Aufgaben nacheinander abgewickelt hätte, so die allgemeine These.

Doch der Vorteil dieser «Zeitmaschine» als bahnbrechende Idee erweist sich als trügerisch. Denn, wie Sie ja bereits wissen, ist eine Doppelaufgabenperformanz neurowissenschaftlich gesehen für unser Gehirn nur äußerst begrenzt möglich. Wir Menschen sind schlicht und ergreifend nicht in der Lage, erfolgreich mehrere Dinge auf einmal zu tun. Diese Meinung vertreten mittlerweile nicht nur Neurowissenschaftler, sondern auch viele Psychologen und Ökonomen. Das hat einen Grund. Wir bemerken gar nicht, dass wir tatsächlich Zeit verlieren, sondern empfinden nur das erhöhte Tempo. Zeit erscheint uns umso wertvoller, je bewusster uns ihr Vergehen durch Stress vermittelt wird. In der heutigen Arbeitswelt fühlen wir uns scheinbar leistungsfähiger, wenn die Zeit verfliegt. Und uns wird suggeriert, wir wären leistungsschwach, wenn wir Zeit verschenken, indem wir die anstehenden Aufgaben nach und nach lösen.

Was Unterbrechungen bewirken

Für die Erledigung unserer tagtäglichen Aufgaben haben wir uns selbst ein Zeitraster gesetzt. Doch die exakte Zeit, die wir tatsächlich benötigen, um eine einzelne Aufgabe zu bewältigen, messen wir nicht. Klingelt das Telefon, während wir einen Bericht schreiben, so fällt die Minute, in der wir am Hörer eine kurze Auskunft erteilen, zunächst scheinbar nicht ins Gewicht. Wir registrieren zwar die Störung, aber die Unterbrechung bringt unsere Planung für den anstehenden Tag nicht ins Wanken.

Was unser subjektives Zeitgefühl jedoch kaum berücksichtigt, ist die Tatsache, dass bereits 15 Sekunden nachdem wir uns einem neuen Problem zugewandt haben schon so viele neue Daten angefallen sind, dass wir die vorherigen Informationen bereits vergessen haben. Sobald wir den Hörer auflegen, müssen wir die alten Daten aus dem Gedächtnis erst wieder abrufen. Zudem braucht unser Gehirn eine erhebliche Anlaufzeit, bis es erneut voll bei der Sache ist. Arbeitswissenschaftler gehen davon aus, dass die meisten Menschen sich erst nach etlichen Minuten wieder so konzentrieren können, wie es viele Aufgaben verlangen beziehungsweise wie es vor der Unterbrechung der Fall war.[2] Ein paar Telefonate oder Unterbrechungen durch das Lesen und Beantworten von E-Mails, und ein halber Tag ist dahin.

Auf diese Weise gehen den Unternehmen 20 bis 40 Prozent potenzieller Effektivität ihrer Angestellten verloren – und das nur dann, wenn die Mitarbeiter trotzdem gut arbeiten.[3] Werden zusätzlich Fehler gemacht, ist dieser Wert noch höher.

Das wahre Ausmaß beginnen wir erst zu registrieren, wenn sich die Unterbrechungen derart häufen, dass sich die verlorene Zeit auf der Uhr ablesen lässt. Der Tag vergeht wie im Flug, und auch die Planung gerät allmählich aus den Fugen. Aber: Einen Rückschluss, wie es um unsere Multitaskingunfähigkeit wohl bestellt sein mag, ziehen wir nicht.

Eine Umfrage der Bundesanstalt für Arbeitsschutz und Arbeitsmedizin aus dem Jahr 2006 zu diesem Thema hat zum Beispiel ergeben, dass bei Kopfarbeitern durchschnittlich alle elf Minuten die Aufmerksamkeit auf etwas anderes gelenkt wird. Bis die Betreffenden wieder zu ihrer ursprünglichen Tätigkeit zurückfinden, brauchen sie rund 15 bis 25 Minuten. Mehr als 50 Prozent der Befragten beklagten den Konzentrationsterror durch andauernde Unterbrechungen. Permanent und kontinuierlich verlieren wir Zeit, ohne uns einzugestehen, dass eine gleichzeitige Erledigung von Aufgaben eben nur eine Illusion ist, die wir uns zurechtzimmern. Wir halten den Glauben daran aufrecht, weil wir den Zeitverlust, die jede Unterbrechung für uns mit sich bringt, nicht wahrhaben wollen.

Wir Menschen sind nunmal keine Maschinen, und im Gegensatz zu einem Computer, der übrigens auch seine Aufgaben nicht gleichzeitig, sondern nacheinander erledigt, bewältigt unser Gehirn Unterbrechungen erbärmlich schlecht. Nur die aktuelle Information wird behalten, die zuvor aufgenommenen Daten gehen verloren und müssen später erst wieder zusammengesucht werden. Wer gerade überlegt, welchen Preis er dem Kunden am Telefon nennen will, sollte nicht parallel entscheiden, ob er auf das Angebot des neuen Providers eingehen soll. Genau das passiert aber, wenn wir telefonieren, gleichzeitig E-Mails lesen und zwischendurch vielleicht auch noch die Frage eines Kollegen beantworten.

Der Verlust in Zahlen

Wie hoch ist der Verlust hieraus denn nun wirklich? Die US-amerikanische Beratungsfirma Basex hat sich damit genauer auseinandergesetzt. Ihre Experten befragten im Jahr 2007 rund

1.000 amerikanische Manager zu ihren Arbeitsgewohnheiten. Das Ergebnis ist weder überraschend noch ungewöhnlich und doch sehr eindrucksvoll. Die Fachleute fanden heraus, dass fast ein Drittel der Arbeitszeit durch Unterbrechungen verlorengeht. Hierdurch verschwenden Angestellte in den USA circa 28 Milliarden Arbeitsstunden jährlich. Bei einem Stundensatz von durchschnittlich 21 Dollar bedeutet dies einen Kostenaufwand von etwa 588 Milliarden Dollar pro Jahr. Überträgt man das Verhältnis der aufgrund von Unterbrechungen anfallenden und der geleisteten Arbeitsstunden eins zu eins auf die deutsche Wirtschaft, dann ergibt sich ein Verlust von jährlich circa 5,8 Milliarden Arbeitsstunden. Das entspricht bei einem durchschnittlichen Stundenlohn von ungefähr 29 Euro (2007) einem Aufwand von circa 170 Milliarden Euro pro Jahr.[4]

Auch eine andere Zahl wirkt in diesem Zusammenhang recht beachtlich. Im Jahr 2007 haben Forscher des britischen Henley Management Colleges 181 Führungskräfte aus verschiedenen Branchen in Deutschland, Großbritannien, Dänemark und Schweden zu ihrem Arbeitstag befragt. 60 Prozent gaben an, dass sie jeden Tag zwei Stunden und mehr allein für das Lesen und Beantworten von E-Mails aufwenden. Rund dreieinhalb Jahre ihres Lebens verbringen die Manager also mit der Durchsicht von E-Mails, wobei rund 25 Prozent der Nachrichten völlig überflüssig sind. Zeitverluste in gigantischem Ausmaß, die wir beharrlich ignorieren. Oder haben Sie schon einmal Ihre täglichen E-Mails gezählt und dann geprüft, wie viele wirklich relevant für Ihre zu erledigenden Aufgaben waren? Machen Sie sich einmal die Mühe. Sie werden erstaunt und verwundert sein, am Ende wahrscheinlich betroffen.

Welche indirekten wirtschaftlichen Auswirkungen entstehen?

Die permanenten Unterbrechungen durch unsere angeblich zeitsparenden Kommunikationsmittel kosten nicht nur immens viel Zeit und somit auch enorm viel Kapital, sie führen außerdem dazu, dass die Fehlerquoten deutlich steigen. Somit entstehen der Wirtschaft und jedem Unternehmen durch das «Multitasking» ihrer Mitarbeiter nicht nur direkte Kosten, sondern zusätzlich sogenannte indirekte Kosten. Denn um die Fehler wieder auszubügeln – gleich ob das der betreffende Mitarbeiter selbst oder eine andere in der Organisation tätige Person erledigt –, wird erneut Zeit verbraucht. Diese weiteren Kosten sind allerdings nur schwer mess- und dokumentierbar, da sie von der Art der sich neu ergebenden Aufgabe und von der Verantwortlichkeit der ausführenden Person abhängen. Übereinstimmend gehen die Forscher jedoch davon aus, dass gut 25 Prozent der Arbeitszeit noch einmal aufgewendet werden muss, um das gewünschte Ergebnis zu erzielen.

Bei einem mittelständischen deutschen Unternehmen mit einer Lohnsumme von etwa zwei Millionen Euro im Jahr kämen dann Mehrkosten in Höhe von einer stolzen halben Million Euro hinzu. Hochgerechnet auf alle deutschen Unternehmen entsteht dadurch ein dreistelliger Milliardenverlust, ohne dass die Controller Alarm schlagen. Kein Wunder, denn diese Kosten sind in keiner Statistik zu finden. Ob sie dadurch aufgefangen werden, dass wir jedes Telefonat entgegennehmen, weil eventuell ein wichtiger Kunde anruft, der einen Auftrag erteilen will, oder weil wir vielleicht einen Auftrag verlieren, wenn nicht postwendend auf die E-Mail des Kunden geantwortet wird, lässt sich bezweifeln.

Die Illusion der Gleichzeitigkeit führt also nicht nur direkt, sondern auch indirekt dazu, dass wertvolle Arbeitszeit verlorengeht. «Im Alltag merken wir das nur deshalb nicht, weil nicht dauernd jemand mit der Stoppuhr neben uns steht», sagt der Psychologe Iring Koch von der Rheinisch-Westfälischen Technischen Hochschule Aachen.[5]

Doch damit nicht genug, es entstehen weitere finanzielle Schäden. Die Multitaskingfalle birgt zusätzlich ein höheres Stresspotenzial und führt daher zu krankheitsbedingten Ausfällen. So sind laut dem DAK-Gesundheitsreport 2007 gut 12,5 Prozent aller Arbeitsunfähigkeitstage bei Frauen und 8,4 Prozent bei Männern auf psychische Erkrankungen zurückzuführen. Zwar werden Depressionen und stressbedingte Arbeitsunfähigkeiten bei Männern seltener erkannt und behandelt, «das heißt aber nicht, dass diese nicht unter den Belastungen am Arbeitsplatz leiden», gibt die Stressexpertin Carola Kleinschmidt zu bedenken.[6] Wir werden später noch genauer darauf zu sprechen kommen, welche krankheitsbedingten Ausfälle Multitasking genau bewirken kann. Tatsache bleibt, dass auch dadurch den Unternehmen und der gesamten Volkswirtschaft jährlich Kosten in dreistelliger Millionenhöhe entstehen. Sie würden nicht anfallen, wenn unsere tatsächlich vorhandenen Fähigkeiten und Möglichkeiten ausgeschöpft würden und unser Arbeitsalltag entsprechend darauf abgestimmt wäre.

Sicht aus anderen Blickwinkeln

Bei allen Zweifeln an Zahlen aus Hochrechnungen bleibt festzuhalten, dass der vom Beratungsunternehmen Basex errechnete Kostenumfang von 588 Milliarden Dollar pro Jahr nur die direkten Kosten des Zeitverlusts durch Multitasking in den USA berücksichtigt. Würden die Kosten der Fehlerbehebung, die krankheitsbedingten Ausfälle und auch die Kosten der Spätfolgen für Psyche und Körper der Menschen mit eingerechnet, dürfte die Gesamtsumme schnell bei weit über einer Billion Dollar pro Jahr liegen. Multitasking ist also eine der wirksamsten Methoden, Zeit zu vertrödeln und Kosten zu verursachen.

Oft wird in der heutigen Zeit von Innovation und Optimierung gesprochen, aber Multitasking führt in die falsche Richtung. Für ein Mehr an Effektivität bräuchten wir Ruhephasen, um Impulse in klare Gedanken zu fassen und in Analysen zusammenzuführen. Dabei könnten doch gerade wir es besser wissen. Es gab eine Zeitspanne in Deutschland, in der es die Wirtschaft schaffte, das Gefühl von Werten zu vermitteln. «Made in Germany» hieß der Ansatz, und damit entstand ein völlig neuer Sinn für Arbeit. Die Menschen waren stolz auf das, was sie täglich machten, und konnten ihre Aufgaben im Detail benennen. Plötzlich gab Arbeit ihnen mehr als Geld und Nahrung, sie gab ihnen darüber hinaus Rückhalt und Selbstwert. Das Ganze wurde auch «Wirtschaftswunder» genannt.

Die Zeit nach dem zweiten Weltkrieg war nicht leicht. Hunger, schreckliche Erlebnisse, Verlust von Haus und Hof, keine Sicherheiten – und die Schande, Deutscher zu sein. Und doch, vielleicht war gerade dieser Abgrund die Triebfeder, etwas Neues zu wagen. Was hatten die Menschen zu verlieren? Nichts. Was hatten sie zu gewinnen? Alles.

So wurden aus Helmen die ersten Nudelsiebe, aus Brotdosen Uhrengehäuse. Liebevoll im Detail, einfach, kostengünstig. Gemeinsamkeit entstand. Jeder hatte seinen Teilbereich, in dem er in Ruhe arbeiten konnte. Ruhe war damals wichtig und wertvoll, Lärm hatte man genug gehabt. Und was gab es schon groß zu sagen, nach all dem Leid und Schmerz? Taten waren gefragt und das Vergessen. Führungskräfte übernahmen enorme Verantwortung, riskierten privates Kapital und führten die Betriebe mit ihrem Namen. Sie waren direkt mit dem Markt, ihrem Produkt und ihren Mitarbeitern verbunden. Sie kannten die meisten aus ihrer Belegschaft, so wie es bei guten Mittelständlern heute noch der Fall ist.

Wir begeben uns auf diese Reise in die Vergangenheit, weil neben all den statistischen Zahlen von Fehlzeiten, Ablenkungen und psychischen Folgen noch nicht ein einziges Mal untersucht wurde, welche wirtschaftlichen Konsequenzen darüber hinaus die «moderne multitaskingorientierte Betriebsführung» in kleinen sowie mittleren bis großen Unternehmen heute hat. Multitasking sollte dazu dienen, mehr Effektivität zu schaffen. Die Betriebe wurden sogar in ihren Strukturen auf «Gleichzeitigkeit» eingestellt, ohne dass die Wirtschaft auch nur einen Blick auf die damit verbundenen Kosten und Gefahren geworfen hatte. So werden oftmals zwei oder drei Projekte parallel gestartet, obwohl die Geschäftsführung genau weiß, dass nur eines davon gebraucht wird.

Dabei betrachten wir nicht das Geld und die Arbeitsstunden als die schlimmste Verschwendung. Das Traurigste ist der Mensch, dem Ressourcen und seine Motivation genommen werden, als wäre er ein PC, der auf Tastendruck ein neues Fenster öffnet. Wer arbeitet schon mit voller Begeisterung und gut, wenn am Ende seine Arbeit doch im Mülleimer landet? Wer fühlt sich einem Unternehmen verbunden, das eine Politik der Austauschbarkeit praktiziert? Scheinbar ja nicht einmal die Manager selbst, betrachtet man den durchschnittlich fünfjährigen Wechsel der Führungsriegen.

Vergleichen wir doch einmal einen Betrieb mit einer Fußballmannschaft, einem Verein. Kein Mensch würde es verstehen, wenn ein Trainer von seinen Spielern verlangen würde, sich auf zwei Spiele gleichzeitig vorzubereiten. Es würde auch niemand begreifen, dass ein Torwart gleichzeitig Stürmer sein sollte. Jedem wäre sofort klar, dass die anfängliche Einsparung eines Spielers am Ende «Mehrkosten» verursachen würde. Wie absurd wäre es etwa auch, wenn ein Fußballer während eines Spiels Autogramme schreiben müsste oder der Coach keinen einzigen Stammspieler bei der Aufstellung benennen würde. Es wäre vermutlich sein letzter Arbeitstag, denn zumindest der Kapitän hat die Aufgabe, die emotionale Verbindung aufrechtzuerhalten. Wir könnten auch so weit gehen und von einem Trainer verlangen, zwei verschiedene Teams zu betreuen. Spielen die dann gegeneinander, wechselt er, je nach Situation, zu der Mannschaft, die ihn im Moment am meisten braucht. Gefühle müsste er dann gar nicht mehr investieren, oder er würde sich immer mit den Gewinnern freuen. Welch ein absurdes Szenario!

In großen Wirtschaftsunternehmen scheint dies jedoch kein Problem zu sein. Vorstände sitzen gleichzeitig in Aufsichtsräten, Angestellte müssen während eines wichtigen Termins Unterschriften leisten, Team- und Personalgespräche werden immer wieder durch «dringende» Telefonate unterbrochen. Stammspieler gibt es hier erst gar nicht, alle sind scheinbar austauschbar. Auch die großen Fußballvereine sind Wirtschaftsunternehmen, sie leben davon, dass ihre Mannschaften Gefühle auslösen und gewinnen, hier werden ebenfalls knallharte Entscheidungen getroffen. Trotzdem sind die Mitarbeiter hier etwas wert, sie sind Stars und jeder Einzelne ist wichtig für den Gesamterfolg. Zum Glück allerdings gibt es immer noch genügend Unternehmen, die ihren Fokus genauso setzen. In diesen Betrieben ist es möglich, die Arbeitsabläufe klar zu strukturieren und die Gleichzeitigkeit angemessen einzugrenzen. Diese Unternehmen haben den Mut, ihre Prioritäten anders zu setzen, Bindungen aufzubauen, und sind damit dauerhaft erfolgreich. Manchmal ist weniger wirklich mehr.

Wie wirkt Multitasking auf unsere Persönlichkeit?

Toni ist ein zehnjähriger Junge, aufgeweckt und munter. Seine Leidenschaft ist ein Konzentrationsspiel am PC, eine Kombination aus Puzzle und Sudoku. An jedem Dienstagnachmittag widmet er sich diesem Spiel, komme was wolle. In dem Moment, in dem er seinen Computer hochfährt und die Tasten berührt, um das Spiel zu starten, versinkt er in einer anderen Welt. Mit jedem Buchstaben, den er eingibt, geht Toni wie in einer festgelegten Zeremonie nach und nach ganz in seinem Spiel auf.

Er hört weder seinen kleinen Bruder herumtoben, obwohl ihn genau das bei den Hausaufgaben enorm stört, noch nimmt er das Klingeln des Telefons wahr. Er hat keinen Hunger, solange er vorankommt. Sein Zeitempfinden verliert er völlig, jeden Dienstag. Toni reagiert auch nicht auf das Rufen seiner Mutter. Erst wenn sie den PC ausschaltet und damit seinen Denkprozess plötzlich unterbricht, bekommt er wieder etwas von der Außenwelt mit.

Verärgert, oft wütend, da er immer noch hoch leistungsfähig auf diese eine Sache konzentriert ist, lässt er sein liebstes Spiel hinter sich. Wie immer glaubt er nicht, dass die Zeit bis zum Abend so schnell vergangen ist. Wie immer fiebert er schon jetzt dem nächsten Dienstag entgegen.

Voll konzentriert sein auf das Hier und Jetzt. Sich eingebunden fühlen in eine Welt, die wir uns emotional schaffen, die Zeit einfach vergessen. Wie oft gelingt uns das noch in unserem Alltag? Allenfalls im Urlaub genießen wir vielleicht für einige wenige Stunden dieses Gefühl. Und doch setzen wir Tag für Tag unermüdlich unsere fünf Sinne ein, um die Welt in all ihren Farben und Formen wahrzunehmen. Erst unsere Sinnesorgane ermöglichen uns die Orientierung in unserer Umwelt und liefern den Stoff, aus dem unser inneres Erleben gestaltet wird.

Dabei ist die bewusste Wahrnehmung Ausdruck der Einzigartigkeit unserer Individualität, der Spiegel unserer Identität und gleichzeitig der Schlüssel dazu. Wir benötigen unsere Sinne, um unser Leben genießen zu können; je besser unsere Wahrnehmung, unsere Konzentration funktioniert, desto ausgeprägter ist unsere Genussfähigkeit. Die täglichen Freuden im Leben werden umso größer, je mehr es uns gelingt, die feinen kleinen Unterschiede wahrzunehmen und wertzuschätzen. Bewusste Konzentration und intensive Wahrnehmung eröffnen uns neue Möglichkeiten und erzeugen eine persönliche Autonomie.

Trotz dieses unübersehbaren Einflusses unterschätzen wir die Bedeutung unserer Gefühle oftmals enorm. Besinnung auf sich selbst wird als purer Luxus oder als infantile Spielerei abgetan, sie bleibt allenfalls Kindern, wie unserem Toni, Künstlern und anderen Individualisten vorbehalten. Doch genau hier zeigt sich der Ansatz, das eigene Erleben zu verändern. Wer bereit ist, seine Wahrnehmungskanäle zu öffnen, und sich voll und ganz auf die gerade anstehende Aufgabe konzentriert, kann sein Leben selbst gestalten. Erst die intensive Wahrnehmung gibt unserem limbischen System die Chance, ankommende Sinnesreize zu interpretieren und Emotionen zu wecken. Dies ermöglicht es uns, uns selbst ganz bewusst wahrzunehmen, diesen Zustand zu genießen und in unserer ureigenen Welt zu leben.

Beschäftigen wir uns hingegen mit den auf uns einstürmenden äußeren Reizen nur auf die Art, dass wir ständig unsere Aufmerksamkeit anders ausrichten, entsteht zwangsläufig eine fremdbestimmte Abhängigkeit. Wir nehmen nur noch Informationen und Reize wahr, die zu unseren momentanen Aufgaben passen, für alle anderen bleibt keine Zeit. Doch erst wenn uns unsere Sinneswahrnehmungen bewusst werden, haben wir die Wahl, Angebote aus der Umwelt anzunehmen oder nicht. Damit gewinnen wir mehr und mehr Eigenbestimmung. Gleichzeitig entsteht ein größerer Freiraum, um anstehende Aufgaben konzentriert zu erledigen. Dabei können wir offen für andere Meinungen bleiben und es uns erlauben, Emotionen überhaupt zuzulassen.

Die Verleugnung der eigenen Gefühle

Beim «Multitasking» oder besser «Aufmerksamkeitshopping» nehmen wir uns genau diese Möglichkeit. Wahrnehmungen, die bis tief in unser Innerstes vordringen und somit Gefühle kreieren, lassen wir kaum zu. Durch das ständige Hin- und Herspringen zwischen den Aufgaben entstehen keine neuen Impulse. Unser Unterbewusstsein orientiert sich nur an den bereits abgelegten Verhaltensmustern und Bildern. Neue neurale Verbindungen bilden sich nicht heraus. Darüber hinaus werden nach dem Eintreffen frischer Reize wegen des extrem kleinen Zeitfensters nicht alle Bilder aus unserem reichhaltigen inneren Repertoire «gescannt». Das führt dazu, dass sich Fehler häufen, wichtige Aspekte außen vor bleiben und manches gar nicht beachtet wird. So kommt es zwangsläufig dazu, dass suboptimale Handlungsoptionen und Lösungen gefunden werden.

Nichtsdestotrotz werden diese Ansätze an unser Bewusstsein übermittelt, damit eine Aufgabe doch als erledigt gelten kann. Da das Ergebnis keine optimale Lösung bietet, stellt sich auch keine Zufriedenheit ein. Ohne dass wir es bewusst registrieren, erfolgt eine Rückmeldung an unser Unterbewusstsein, die genau diese Botschaft enthält: unzufriedenstellender Lösungsansatz!

Daraufhin entwickelt sich schnell ein Gefühl von Nervosität, denn es fehlen zusätzliche Informationen und Zeit, um ein besseres Ergebnis zu erzielen. Verzweifelt sucht unser Unterbewusstsein nach weiteren, eventuell passenden Bildern und entsprechenden Handlungsoptionen. Doch solange die Wahrnehmung keine weiteren Reize aufnimmt und nicht mehr Zeit zur Verfügung steht, hat dieses Unterfangen keine Aussicht auf Erfolg. Die anfängliche Nervosität entwickelt sich bald zur Überforderung. Spätestens in diesem Moment greift unser Unterbewusstsein in die Trickkiste, um von dem eigentlichen Problem abzulenken. Ärger über sich und andere wird als Emotion erzeugt und ausgegeben. Leider ist dieses Gefühl oft nicht stark genug, um uns davon abzuhalten, immer wieder und ständig einen zufriedenstellenden Lösungsansatz einzufordern. Das hat Folgen – unser System beginnt zu kippen.

5:30 Uhr! Wie jeden Morgen klingelt der Wecker um diese Zeit. Ein neuer Tag beginnt. Eine halbe Stunde Sport auf dem Hometrainer, Morgentoilette, das Frühstück für die Kinder vorbereiten, kurze Gespräch mit der Familie, anschließend flott die Küche aufräumen, hinein ins Auto und ab ins Büro. Tag für Tag folgt Stefanie diesem Rhythmus. Auch heute wartet ein großes Arbeitspensum auf sie – wie jeden Tag. Im Büro angekommen setzt sie sich an ihren Schreibtisch, startet den PC und schnappt sich den Stoß unerledigter Aufträge. Lieferscheine werden erfasst, gedruckt und entsprechend ihrer regionalen Zuordnung den Auslieferungstouren zugewiesen. Stefanie hat sich vorgenommen, mit dieser Tätigkeit spätestens um 10:00 Uhr fertig zu sein, denn heute muss sie noch eine Vielzahl von Kunden kontaktieren, um Wartungstermine für deren Geräte zu vereinbaren. Doch die Einhaltung des Zeitplans erweist sich – wie meist – als schwierig. Das Telefon klingelt fast ununterbrochen und auch ihre Kolleginnen bombardieren sie immer wieder mit Fragen.

Stefanie will, dass alles perfekt ist, und so hört sie permanent mit einem Ohr den Telefongesprächen ihrer Kolleginnen zu, gibt Ratschläge und Hinweise, oft ungefragt, damit alles glattläuft. Mittlerweile ist es 11:00 Uhr, der Auftragsstapel ist immer noch so hoch wie vor drei Stunden. Stefanies Zeitplan gerät völlig aus den Fugen, sie wird nervös. Daher versucht sie, schneller zu arbeiten. Sie will die Lieferscheine ausfüllen, während sie telefoniert, um die verlorene Zeit wieder aufzuholen. Da, schon wieder eine E-Mail. Ein kurzer Klick, die Beschwerde eines Kunden – verdammt! Unaufhörlich rückt der Sekundenzeiger an Stefanies Uhr vorwärts, und die Fehler in den Lieferscheinen häufen sich. Langsam, aber sicher wird aus der anfänglichen Nervosität Ärger! Ärger über ihre «Unfähigkeit», die

Lieferscheine fehlerlos auszufüllen; Ärger darüber, der wichtigen Aufgabe des Tages noch keine Sekunde gewidmet zu haben; Ärger über die Fragen der Kunden am Telefon; Ärger über die Kolleginnen, die scheinbar immer Unterstützung brauchen, und, und, und!

Gut gelaunt und lächelnd erscheint in diesem Moment Thomas aus der Versandabteilung und erzählt Stefanies Kollegin etwas über das neue mexikanische Restaurant. Stefanie spürt ihre Aggression, und wie aus dem Nichts platzt ihr der Kragen. Sie schreit Thomas an, beschimpft ihn als «Kaffeetassenträger» und macht ihren aufgestauten Emotionen Luft. Die Stimmung im Zimmer sinkt auf den Nullpunkt. Manchmal gelingt es Stefanie, sich zu beherrschen und ihre Aggression nicht nach außen zu tragen – heute nicht! Aber was auch passiert, in beiden Fällen ist das Ergebnis das gleiche, ein tiefes Gefühl der inneren Unzufriedenheit entsteht, und das nicht nur bei Stefanie. Alles hat sich mit einem Mal verändert, nur die Uhr tickt unaufhaltsam weiter!

Wir empfinden Situationen immer dann als bedrohlich, wenn wir die anstehenden Aufgaben nicht oder nur unzureichend bewältigen können. Stefanie will alles, lässt intensive Wahrnehmungen und echte Aufmerksamkeit jedoch nicht zu. Sie gibt ihren Emotionen im Augenblick des Geschehens keinen Raum. Doch das Unterbewusstsein fordert ein, was wir zum «Überleben» brauchen. Langsam, aber stetig entwickelt sich unter Druck Angst oder Aggression. Als Reaktion auf diese Empfindungen greift unser Unterbewusstsein auf ein bewährtes Muster zurück. Das «Kampf-Flucht-Programm» wird gestartet, obwohl in unserer modernen Gesellschaft diese Vorgänge am wenigsten geeignet sind, um eine kritische Situation zu bewältigen. Über das Zwischenhirn und den Sympathikusnerv wird eine direkte Stimulation der Nebenniere und einiger Gehirnregionen ausgelöst. Adrenalin und Noradrenalin, zwei Botenstoffe unseres Körpers, werden in den Blutkreislauf geschickt. Sie dienen dazu, uns schlagartig auf das Erbringen von Höchstleistungen vorzubereiten. Ein perfektes System mit einem entscheidenden Nachteil: Unsere schöpferische Kraft, die Kreativität, sinkt auf den Nullpunkt.

Doch wie kommt es, dass unser Gehirn diese Abläufe derartig genau steuern kann? Grob vereinfacht lässt es sich biologisch gesehen in drei «Kategorien» unterteilen.

- Die «ältesten» Hirnschichten, dass sogenannte Reptilienhirn, steuert unsere Bewegungsfunktionen und alle körperlichen Prozesse, zum Beispiel Herzschlag, Atmung und Verdauung.
- In den mittleren Hirnschichten sind unsere Emotionen, Bedürfnisse, Wünsche und Gefühle beheimatet. Auch bei vielen Säugetieren ist diese Hirnschicht vorhanden.
- Erst die Großhirnrinde, der Neokortex, ermöglicht uns das menschliche Denken, sorgt für Vernunft und erlaubt schöpferische Fähigkeit.

Das für all unsere Entscheidungen und Handlungen wichtige Zusammenspiel dieser drei Hirnregionen gelingt nur dann, wenn wir klar fokussieren, voll auf eine Sache konzentriert sind und die Umwelt bewusst und intensiv wahrnehmen. Der Versuch, mehrere Aufgaben gleichzeitig zu erledigen, bringt dieses Zusammenwirken ins Wanken. Unsere Gesellschaft glaubt daran, dass wir unsere Aufgaben rein durch unsere Intelligenz, durch unsere «Denkleistung» steuern und erledigen können. Doch die ständige Bombardierung mit neuen Aufgaben und die damit einhergehenden Entscheidungssituationen lassen uns keine Zeit, neue Lösungsansätze oder Wege zu finden. Anstatt unser Unterbewusstsein und damit auch unsere Emotionen bei der Entscheidungsfindung und unserem Handeln einzubinden, verlangen wir schnell, meist in Nanosekunden, nach passenden Handlungsoptionen. Wir funktionieren nur noch, das Lauschen ins Innere entfällt.

Damit entfällt auch die positive Wirkung unserer Emotionen auf die kreativen Leistungen unseres Gehirns. In der Hoffnung auf einen schnellen Weg zum erfolgreichen Gelingen einer Aufgabe lassen wir unsere Emotionen bewusst am Wegrand liegen und beachten sie nicht. Dabei blenden wir jedoch die Tatsache aus, dass sich im Hintergrund durch Stress Emotionen entwickeln, die alles andere als zielführend beim Lösen von Aufgaben sind.

Wie bereits erwähnt: Im Normalfall vergleicht unser Gehirn eine neue Aufgabe mit den inneren Bildern, die es nach vergangenen Entscheidungssituationen oder Aufgabenstellungen abgelegt hat. Das Bild und die dazugehörige Handlungsoption mit der besten Übereinstimmung werden dann für die neue Entscheidung und Handlung ausgewählt, durch neue Informationen ergänzt, sodass eine neue, bisher noch unbekannte Lösung entsteht. Doch nur wenn wir uns schon zu Beginn der Aufgabenbearbeitung einen ungehinderten Zugang zur Welt unserer Emotionen gewähren, können wir unser persönliches Potenzial voll entfalten. Um uns geistig zu öffnen, Interesse zu zeigen und als individuelle Persönlichkeit zu handeln, sind unsere Gefühle und Emotionen unabdingbar. Dabei sind unsere Sinne der Schlüssel zur Welt unserer Emotionen. Probieren Sie es selbst aus und nehmen Sie sich zwei Minuten, um die folgenden Fragen zu beantworten.

- Wie riecht eigentlich Regen?
- Wie fühlt sich Urlaub an?
- Was bedeutet Glück für Sie?

Haben Sie sich ein bisschen Zeit gegönnt? Wenn ja, werden Sie Emotionen gespürt haben, als Sie über die Antworten nachgedacht haben. Oder sind Sie nur über die Fragen hinweggehuscht? Dann werden Sie schon jetzt nicht mehr abrufen können, wonach gefragt wurde.

Emotionen zuzulassen und ihnen zu folgen bedeutet keineswegs, auf den eigenen Verstand zu verzichten. Wie immer in unserem Leben kommt es auf eine gute Mischung an. Würden wir uns ausschließlich auf der Gefühlsebene mit Schwierigkeiten und Herausforderungen auseinandersetzen, wären unsere Handlungen ebenso eingeschränkt. Denn dann würden uns die analytischen Fähigkeiten fehlen, um eine Situation aus unterschiedlichen Blickwinkeln zu betrachten. Die schlimmsten Delikte und menschlichen Katastrophen sind oft auf rein emotional gesteuerte Handlungen zurückzuführen, hier wurde eine Tat nicht sachlich hinterfragt. Die beratende Funktion unseres Bewusstseins schafft erst einen Ausgleich zu unseren Gefühlen.

Machen Sie sich Folgendes bewusst: Während unser Unterbewusstsein in einer Sekunde etwa 10.000 Eindrücke aufnehmen kann, bringt es unser Bewusstsein nur auf schlappe sieben. Ausschließlich dem Unterbewussten und somit den Gefühlen zu vertrauen, hieße, keine Entwicklungsmöglichkeiten zuzulassen. Dann ginge es uns ähnlich wie einer Stubenfliege, die immer wieder gegen die Fensterscheibe fliegt. Erst durch die bewusste Aufnahme und Verarbeitung von Informationen, gepaart mit dem Abgleich unserer inneren

Bilder, lassen sich veraltete Programmierungen überarbeiten. Nur so können neue Handlungsoptionen entstehen. Wenn es uns also gelingt, Emotion und Kognition zu verknüpfen, werden wir die tagtäglich anstehenden Entscheidungen und Aufgaben zu unserer Zufriedenheit lösen. Wir werden wissen, dass wir die beste Lösung gefunden haben, und dazu in der Lage sein, Beziehungen zu gestalten.

Das Ende der Beziehungsfähigkeit

Beziehungen zu anderen Menschen prägen unser Leben. Alle Persönlichkeiten in unserem Umfeld haben einen wichtigen Einfluss auf unser Denken, Fühlen und Handeln. Sie sind ein wichtiger Faktor für unseren Erfolg, unser Glück und für das, was wir im Leben erreichen wollen und werden. Durch Bemerkungen, Impulse, Ratschläge oder Entscheidungen sind die Mitmenschen immer an Veränderungen in unserem Leben beteiligt. Manchmal auch nur deshalb, weil sie einfach da sind und durch diese Nähe unser Denken in eine andere Richtung lenken. Wer bereit ist, viel zu säen, der wird auch viel zurückbekommen, das ist nicht nur ein biblisches Gesetz. In dem Moment, in dem wir in Beziehungen zu anderen Menschen investieren, entwickelt sich eine mehr oder weniger feste Verbindung.

Dabei spielt es keine Rolle, ob dies im Beruf oder im privaten Bereich geschieht. Wenn wir anderen unsere Wertschätzung zeigen, etwas Nettes tun, dem anderen Aufmerksamkeit entgegenbringen, dann fühlen wir uns gut, unsere Selbstachtung steigt. Wenn wir geben, was andere brauchen, wenn wir unterstützen oder einfach nur zuhören, verändert sich unsere Ausstrahlung. Wir erhöhen unsere Anziehungskraft auf andere Menschen, wir bewirken etwas auf mentaler Ebene. Wenn wir geben, ohne dafür etwas zu erwarten, wird uns Vertrauen und Achtung geschenkt. Und plötzlich werden die anderen auch etwas für uns tun wollen. Damit gerät unsere Erfolgs- und Glücksspirale in Bewegung. Scheint einfach und ist es auch! Leider verbauen wir uns diesen Weg allzu oft. In Schwierigkeiten geraten wir einerseits immer dann, wenn wir Bedingungen oder Erwartungen an unser Geben knüpfen. Das mag teilweise unbewusst geschehen, aber es geschieht. Enttäuschungen können die Folge sein. Niemand wird unsere Wünsche so erfüllen können, wie wir es uns vorstellen. Unser Gegenüber hat keine Chance!

Auf der anderen Seite verwehren wir uns das Erleben dieser Erfolgs- und Glücksspirale vor allem dadurch, dass wir intensive Beziehungen gar nicht entstehen lassen. Wir finden keine Zeit mehr dafür! Dauernd nutzen wir die modernen Kommunikationstechniken, sind ständig online oder anderweitig beschäftigt. Wir stehen in Verbindung, aber haben keine Beziehung zueinander. Ganz allmählich hat sich unser Lebensrhythmus verändert. Der zunächst gefühlte äußere Zwang hat sich nach und nach zu einer inneren Verhaltensweise entwickelt. Das Wichtigste, unser Gegenüber mit seinen Bedürfnissen, Befindlichkeiten und Wünschen, gerät mehr und mehr aus dem Blickfeld. Das moderne Equipment, die unaufschiebbaren Aufgaben und das Bedürfnis, möglichst viel möglichst schnell zu erledigen, stehen im Mittelpunkt. Informationen sollen schnell und zeitnah von einer Person zur anderen gelangen. Vieles duldet scheinbar keinen Aufschub. Wir informieren uns krank, kommunizieren so viel wie nie zuvor, aber das, was wirklich wichtig wäre, bleibt außen vor – die emotionale Bindung.

Karl hat ein Problem. Sein Chef hat ihn damit beauftragt, die Mietverträge der vermieteten Einheiten zu überprüfen, die Erfassung der Mieterdaten auf Vollständigkeit zu checken und die jeweiligen Deckungsbeiträge zu berechnen. Beim Bearbeiten dieser Aufgabe fällt Karl auf, dass viele Außendienstmitarbeiter – allen voran Friedrich, der zuständige Außendienstmitarbeiter für das Postleitzahlengebiet 4711 – die Daten der abgeschlossenen Verträge nur sporadisch, immer viel zu spät und vor allem mit zu wenig Informationen übermitteln. Eine aussagekräftige Übersicht lässt sich so natürlich nur sehr schwer erstellen. Karl beschließt, die Angelegenheit mit seinem Chef Roland zu diskutieren. Er bittet um einen Termin und bekommt ihn auch. Pünktlich um 16:00 Uhr steht er vor Rolands Büro. Noch telefonierend lädt dieser ihn mit der linken Hand ein, näher zu treten. Karl nimmt auf dem Stuhl vor dem Schreibtisch Platz. Das Telefonat dauert an, Roland gestikuliert heftig. Nach einigen Augenblicken begreift Karl, was die Gesten bedeuten sollen. Er nimmt die Unterlagen und legt sie auf Rolands Tisch. Der beginnt, zustimmend nickend, trotz des Telefonats darin zu blättern. Einige Minuten später liegt der Hörer auf der Gabel.

«Nun, wo ist das Problem?», fragt Roland. Karl will gerade mit seinen Ausführungen beginnen, als erneut das Telefon klingelt. «Eine Sekunde», sagt Roland schnell und nimmt den Hörer ab. Drei bis vier Minuten später ist das Gespräch beendet. Währenddessen hat sich Roland scheinbar immer wieder mit den Listen beschäftigt. «Nun, ich glaube, die Daten sind nicht vollständig!», sagt er als Erstes zu Karl. «Ja, genau, das ist das Problem, die ...» Karl wird jäh unterbrochen, denn Rolands Sekretärin betritt, ohne auf Karl zu achten, das Büro. Fein säuberlich legt Sie die Unterschriftenmappe auf Rolands Schreibtisch und bittet um einige Unterschriften. «Tja, ich glaube, da werden Sie sich noch ein wenig intensiver bemühen müssen», hört Karl seinen Chef sagen. Gleichzeitig beginnt Roland damit, über die Briefe in der Unterschriftenmappe zu lesen und sie zu unterschreiben. Karl nickt, steht auf und verlässt das Büro.

Wie hat sich Karl bei diesem Termin wohl gefühlt? Zu keiner Zeit ist zwischen ihm und Roland eine Beziehung entstanden. Eine Verbindung wäre aber wichtig für die Motivation und für eine erfolgversprechende Lösung der Herausforderung gewesen. Der scheinbar äußerliche Zwang, möglichst viel Zeit zu sparen, führt zu einem Ende der Beziehungsfähigkeit. Die Wertschätzung für den anderen findet keinen Platz mehr.

Was fühlen Sie, wenn Ihnen jemand seine ganze Aufmerksamkeit schenkt? Und was empfinden Sie, wenn Sie das Gefühl haben, Ihr Gesprächpartner hört Ihnen gar nicht zu? Nun, dasselbe empfindet Ihr Gegenüber, egal ob Sie am Telefon oder von Angesicht zu Angesicht mit ihm reden. Es ist ein besonderes Erlebnis, wenn sich jemand die Mühe macht, eine anstehende Aufgabe einmal durch die Brille desjenigen zu betrachten, der sie erledigen soll. Wir Menschen sehnen uns danach, gehört und wahrgenommen zu werden – und zwar mit ungeteilter Aufmerksamkeit. Nur so entstehen Beziehungen. Und wenn es eine echte Verbindung zwischen Menschen gibt, lassen sich gemeinschaftlich Lösungen aller Herausforderungen, die uns tagtäglich begegnen, erarbeiten und finden – effektiv und nachhaltig.

Doch genau dies verbauen wir uns mit dem Versuch, multitaskingfähig zu sein. Das kann nicht funktionieren. Unsere

Aufmerksamkeit richtet sich nicht dauerhaft oder geduldig auf unser Gegenüber. Vielmehr wirbeln wir die Gefühle und Emotionen unserer Mitmenschen auf, ohne auch nur einen Hauch von ihnen bewusst wahrgenommen zu haben. Wir stoßen unseren Gesprächspartner in ein emotionales Loch, weil wir es versäumen, eine innere Verbindung aufzubauen. Und jeder von uns gerät mehr und mehr ins Trudeln, da nur das, was wir geben, auch zu uns zurückkommt. Dabei ist es so einfach, eine emotionale Verbindung herzustellen. Wertschätzung und Aufmerksamkeit kosten weder Geld noch Zeit, und wir erhalten unmittelbar Anerkennung, Bewunderung und Achtung. Ob bewusst oder unbewusst motivieren Sie Ihre Gesprächspartner so auch dazu, Sie bei der Erreichung Ihrer Ziele zu unterstützen.

Kreativität im Auflösungsprozess

> Unermüdlich dreht er seine Runden. Permanent wird Energie verbraucht, ohne dass er sich auch nur einen Zentimeter von der Stelle bewegt. Das Rad dreht sich, mal schneller und mal langsamer, doch voran kommt er nie. Es ist faszinierend, ihm zuzusehen. Er arbeitet emsig, gibt nicht auf und hat doch keine wirklichen Erfolge vorzuweisen. Ein bewundernswertes Tier, unser netter kleiner Nager, auch Hamster genannt. Unterstützung erfährt er nicht.

Kein Bild ist besser geeignet als das Hamsterrad, um das Gefühl in unserer heutigen Zeit zu beschreiben. Wir investieren viel, um das Spielgerät zu verbessern. Unaufhörlich schmieren wir die Achse, damit sich das Rad leichter dreht. Um schneller laufen zu können, werden Radgröße und Schrittabstände angepasst. Mit unvorstellbarer Geschwindigkeit können wir einen Geschäftsbrief über tausende von Kilometern via E-Mail senden, Dokumente austauschen oder Meetings via Bildkonferenzen führen, ohne uns stundenlang von einem Ort zum anderen zu bewegen. Es ist möglich, Informationen aus dem Internet abzurufen, deren Recherche früher Tage oder gar Wochen gedauert hätte.

Kennen Sie das Gefühl? Sie laufen und rennen den ganzen Tag, manchmal bis tief in die Nacht hinein. Viele Dinge haben Sie sich vorgenommen, aber leider nur einen Bruchteil davon erledigt. Unzählige Anrufe, die ständigen Fragen von Mitarbeitern und Kollegen. Faxe mit dem Vermerk «dringend», E-Mails mit dem berühmten roten Ausrufezeichen. Die Liste der Anforderungen ließe sich beliebig verlängern.

Unsere Windmühle ist immer aktiv, die Flügel bewegen sich unaufhörlich. Der Ertrag unserer Anstrengungen fällt aber doch eher bescheiden aus. Nun, ganz so ist es ja nicht, werden Sie unseren Ausführungen entgegenhalten. Ich bewege viel und tue einiges. Gut, manchmal gelingt mir vielleicht etwas nicht, aber im Großen und Ganzen erreiche ich meine Ziele schon. Sie haben recht, wie sonst hätten Sie in den letzten Jahren Ihr Leben meistern können?

Wann genau waren Sie eigentlich in der letzten Zeit kreativ? Dabei interessiert der Zeitpunkt eher weniger, viel entscheidender ist die Situation. Wenn Sie ehrlich sind, werden Sie zugeben müssen, dass Ihnen in Phasen mit permanentem Stress nichts Gutes einfällt. Dauerstress, auch bedingt durch das ständige Neuausrichten unserer Aufmerksamkeit, ist wahrlich kein guter Nährboden für Kreativität. Weshalb das so ist, lässt sich einfach nachvollziehen. Schauen wir uns doch an, wie neue Ideen entstehen.

Kreativität ist immer eine Kombination von Wissen und assoziativer Verbindung, eine Verknüpfung von Neuem und Bekanntem. Der kreative Prozess beginnt mit einer Phase der Vorbereitung. Wir entdecken ein Problem oder besser eine Herausforderung auf der Basis unserer Kenntnisse. Darauf folgt die Phase des «Nachdenkens». Teilweise bewusst, überwiegend jedoch unbewusst werden Querverbindungen und Parallelen mit bereits gespeicherten Erkenntnissen gesucht und assoziative Verknüpfungen hergestellt. Neue Bahnungen bilden sich. Immer dann, wenn eine neue Lösung intensiv und stark genug ist, transportieren wir sie in unser Bewusstsein. Um zu verhindern, dass dabei ein Overflow entsteht, dominiert nur die vermeintlich stärkste Verknüpfung. Ein Aha-Effekt stellt sich ein.

Doch damit nicht genug. Bevor die neue Idee tatsächlich an die Öffentlichkeit gelangt und anschließend auch anderen als die beste Lösung für die anstehende Aufgabe vorgestellt wird, prüft unser Denkapparat den Einfall noch einmal kritisch. Nur solche Vorschläge, deren Umsetzung hinreichend gute und auch erfolgversprechende Bilder in unserer Vorstellung wachrufen, können diese Kontrolle passieren. Hierbei spielen die emotionale Verfassung und die Beziehung zur Außenwelt in der jeweiligen Situation eine große Rolle. Sind die Rahmenbedingungen ungünstig – zum Beispiel wenn Mitarbeiter sich nicht frei fühlen, Ideen zu äußern und Neues einfach auszuprobieren, weil sie bei einem Scheitern negative Sanktionen befürchten –, wird sich Kreativität nicht oder nur schwer entfalten können.

Beim kreativen Ideenschmieden greifen wir also auf das zurück, was wir kennen, benutzen Teile davon und kombinieren sie mit anderen Erkenntnissen und Erfahrungen aus unserem Inneren. Genau diese Verbindung lässt etwas Neues, Großartiges entstehen, das auf ein bestimmtes Ziel, nämlich die Lösung einer Aufgabe, ausgerichtet ist. Dass eine solch kognitive Leistung eine ganze Menge unserer Verarbeitungskapazität beansprucht, liegt auf der Hand.

Darüber hinaus benötigen wir ein großes Paket emotionaler Stärke, denn Kreativität bedeutet immer auch, ein Stück gegen die bisherigen Regeln zu denken und zu handeln. Wir könnten scheitern, und genau diese Angst müssen wir innerlich bearbeiten und überwinden. Im Rahmen unseres «Multitaskingprogramms» haben wir weder die Zeit noch die emotionale Gelassenheit hierfür. Dem Zusammenspiel zwischen Wissen, Intelligenz und unseren Emotionen geben wir zu wenig Raum und verbauen uns damit einzigartige Möglichkeiten. Gerade unter Zeitdruck wächst das Bedürfnis nach Klarheit und innerer Logik. Zudem behindert die beim vermeintlichen Multitasking eingeschränkte Wahrnehmung Sie darin, die besonderen und subtilen Eigenschaften der Dinge zu erkennen, die Ihnen begegnen. Unter Stress wird sich unser Gehirn immer auf vorhandene Routinen konzentrieren. Damit nehmen Sie sich selbst die Gelegenheit, alten Denkmustern zu entrinnen, um neue Ideen zu kreieren.

Das Leben ist voll von Ideenspendern, doch vieles bleibt einfach auf dem Präsentierteller liegen, weil wir zu beschäftigt sind, unseren Tagesablauf zu organisieren und in der Spur zu bleiben. Wir haben uns nicht nur im Arbeits-, sondern auch im Privatleben in eine Konformität pressen lassen. Unsere Individualität verlieren wir Stück für Stück, ohne es zu merken. Doch wir können daraus ausbrechen und einen neuen Weg beschreiten.

Visionen auf dem Abstellgleis

Matthias hat viel erreicht. Nur noch einen kleinen Schritt auf der Karriereleiter, und er ist da angekommen, wo er immer sein wollte. Die Geschäftsführerposition ist in greifbare Nähe gerückt. Ein halbes Jahr noch, dann wird der bisherige Stelleninhaber aus Altersgründen ausscheiden und er wäre dran. Vieles hat Matthias in Kauf genommen: das jahrelange Pendeln in eine ferne Stadt, weg von der Familie, Zwölf- bis Vierzehnstundentage sind keine Seltenheit, ihm bleibt kaum Zeit für Sport und Freizeit. Tagtäglich läuft Matthias auf Hochtouren, ist für jeden ansprechbar, immer greifbar, jede E-Mail beantwortet er fast postwendend. Er gilt als Anlaufstelle für Mitarbeiter mit Problemen, auch wenn dafür meist nur wenig Zeit bleibt. So sieht sein Alltag aus. Viele Informationen prasseln auf ihn ein, nicht alle kann er verarbeiten, nicht jedem Mitarbeiter helfen. Vieles versucht Matthias gleichzeitig zu erledigen, um Zeit zu gewinnen. In den letzten Monaten sind Strukturen neu geformt, Systeme umgebaut, neue Mitarbeiter eingestellt worden. Der Erfolg gibt ihm recht, es funktioniert, so glaubt er.
Wie ein Tiefschlag trifft ihn daher das Gespräch an einem Frühsommerabend. Die bisherige Geschäftsführung hat ihn einbestellt. Und dann hört Matthias das Unfassbare. «Wir werden Ihren Vertrag nicht verlängern.» Hat er richtig gehört? Matthias schüttelt sich innerlich. Was ist geschehen? Er vernimmt, was gesagt wird, doch begreifen kann er es nicht. Wie in Trance setzt er sich nach diesem Gespräch in sein Auto. Kaum Urlaub, auch abends noch erreichbar, immer dort, wo es gerade brannte, stets hilfsbereit – so sieht er sich noch immer. Doch irgendetwas passt nicht. Die Firma ist sein Leben! Die Zeit vergeht, und erst nach und nach beginnt Matthias zu verstehen.

Die tagtägliche Hast, die Flut der Eindrücke führt uns in einen Zustand der ständigen Stimulation. In jede noch so kleine Unterbrechung des Tagesablaufs pressen wir noch eine Aktivität. Immer unterwegs, ohne zu rasten oder zu ruhen. In einer Welt voller Reize und Aufgaben fällt es schwer, nach dem eigenen Rhythmus zu leben. Die Marionette, deren Fäden andere ziehen, tanzt ganz gut. Aus Angst, den Herausforderungen nicht Herr zu werden, und aus Furcht vor den Folgen tun wir alles Erdenkliche, um Zeit zu sparen und unseren Tag halbwegs angemessen zu bewältigen. Teilweise wie Roboter hangeln wir uns von einer Aufgabe zur anderen, erledigen manches scheinbar gleichzeitig.

Das Gefühl, ständig außer Atem zu sein, verstärkt sich. Wir ähneln einem Marathonläufer in einem großen, unüberschaubaren Teilnehmerfeld. Die gesamte Gruppe bewegt sich mit gleicher Geschwindigkeit, und wenn ein Schrittmacher das Tempo erhöht, passen sich die anderen an. Wo jeder Einzelne längst aufgegeben oder zumindest einen langsameren Gang eingelegt hätte, beißen wir im Pulk die Zähne zusammen und rennen einfach weiter. Wir wollen ja nicht hinter den anderen zurückbleiben.

Nur manchmal – vielleicht, wenn wir die Belastung durch das Tempo kaum noch ertragen können – fragen wir uns, wohin die Reise überhaupt geht. Haben wir bei aller Geschäftigkeit unterwegs nicht irgendetwas verloren? Matthias zum Beispiel war beschäftigt, ständig mit mehreren Aufgaben und Entscheidungen gleichzeitig konfrontiert. Alles wurde abgearbeitet und fristgerecht erledigt. Fleiß war vorhanden, doch Visionen – Fehlanzeige! Damit aus unseren Träumen und Vorstellungen Visionen werden können, benötigen wir Zeit. Zeit, um bewusst wahrzunehmen, Beziehungen aufzubauen,

Emotionen entstehen zu lassen und kreative Ideen zu entwickeln. Nur dann können wir Visionen entwerfen und darauf aufbauend Ziele benennen. Vorstellungen, die darüber hinausgehen, einfach nur den Alltag nach Plan abzuarbeiten – was von uns scheinbar erwartet wird. Wir wollen auf nichts verzichten, bemerken aber oft gar nicht, dass wir unsere langfristigen Visionen und Ziele aus den Augen und dem Herzen verloren haben.

Doch ist es wichtig, diese Ideen wiederzufinden, denn eine Vision vermittelt das Gefühl von Souveränität. Unser alltägliches Tun bekommt zudem einen anderen Sinn: Wir fühlen den inneren Schwung und Elan, ein Vorhaben in die Tat umzusetzen, sind motiviert und voller Begeisterung. Wenn wir unsere Vision für uns selbst benennen und klar vor unserem geistigen Auge haben, werden wir auch unsere Aktivitäten bewusst in die richtige Richtung lenken. Dazu benötigen wir Zeit. Nur wenn wir es uns erlauben, nicht permanent zu «switchen», werden wir unsere Gefühle zulassen, kreativ sein und unsere Wahrnehmung schärfen – und mit Leichtigkeit das erreichen, was wir wollen.

Matthias aus unserem Beispiel hätte vielleicht nicht nur das Ziel, Geschäftsführer zu werden, verfolgen, sondern zusätzlich für sich und das Unternehmen eine Vision gestalten sollen. Eine Vision, wo er genau hin will, wohin sich das Unternehmen in Zukunft entwickeln soll und was gemeinsam zu erreichen wäre. Hierfür hätte Matthias Zeit und Ruhe gebraucht, die er sich in keiner Phase gegönnt hat. Nicht zurückfallen, erledigen, was scheinbar erwartet wird, Zeit sparen – immer schneller, immer höher, immer weiter, das war ganz klar seine Fokussierung. Eine Vision, eine Perspektive für die Zukunft hätte sicher vieles geändert. Ob Matthias den Geschäftsführerposten bekommen hätte oder nicht, wäre dann letztendlich unerheblich gewesen.

Eine Vision ist immer anspruchsvoll und groß. Sie hat etwas mit unserem ganzen Potenzial und mit unserer Einzigartigkeit zu tun. Es kommt darauf an, von Anfang an das große Ganze und das letztendliche Ziel im Blick zu haben. Visionen dürfen wachsen und reifen. Sie entwickeln sich im Lauf unseres Lebens, an jedem Tag. Sie fallen nicht vom Himmel und sind nicht das Produkt einer kurzen Ruhephase, die wir uns einmal gönnen. Seien Sie sich dessen immer bewusst und handeln Sie entsprechend: Visionen brauchen Zeit und unsere Aufmerksamkeit. Dinge, die wir uns kaum zugestehen. Nur allzu oft kehren wir unsere innere Unzufriedenheit unter den Teppich. Erst wenn auch unser Körper Alarm schlägt, sind wir zumeist bereit, darüber nachzudenken, ob etwas in unserem Leben nicht stimmt.

Wenn der Körper streikt: Endstation Burn-out

Alexandra, Mathematikerin und erfolgreich in der IT-Branche, ist alleinerziehend. Jeden Nachmittag holt sie pünktlich um 17:00 Uhr ihre Tochter Sara von der Kindertagesstätte ab. Sie darf nicht zu spät kommen, die Öffnungszeiten der Kita sind nicht diskutierbar. Jedes Abweichen von der Vereinbarung hat eine Ermahnung zur Folge. Zu viele davon und der Platz wäre weg. Alexandras Chef findet es befremdlich und störend, dass sie stets pünktlich ihren Arbeitsplatz verlässt. Er möchte erledigte Aufgaben, keine Kindergeschichten!

So gestaltet Alexandra jeden Tag mit zwei von außen kommenden Anforderungen, sie funktioniert einfach nur. Sie merkt

nicht einmal, dass sie ihre eigene Meinung zum Thema gar nicht kennt. So bricht sie mitten in einem Gespräch mit ihren Kollegen auf, führt dies jedoch per Telefonkonferenz weiter. Gleichzeitig holt sie, mit Handy am Ohr, Sara ab, ohne viel zu sagen. Sie packt ihr Kind ins Auto, weiter geht's. Sara erzählt etwas, Alexandra nickt und beobachtet das Gesicht ihrer Tochter. Es scheint nichts Ernstes zu sein. Auch das Abendessen zu Hause muss nebenher gemacht werden. Das WLAN ermöglicht den Zugriff auf die wichtigen Daten des Zentralrechners beim Arbeitgeber. So kann Alexandra gleichzeitig an den nicht beendeten Aufgaben vom Nachmittag weitermachen. Beides ist irgendwann erledigt, Alexandra sitzt erschöpft auf dem Sofa.
«Mama, du hast gesagt, wir gehen noch zu den Pferden unten am Waldrand! Was ist denn nun?» Alexandra kann sich nicht daran erinnern, diesem Ausflug zugestimmt zu haben. Wie auch, wenn sie in Gedanken bei der Umsetzung des neuen Programms ist, das allen Mitarbeitern noch schnelleren Zugriff auf die Kundendaten gewährleisten soll.
Sara geht ohne Ausflug ins Bett, traurig, dass ihre Mutter die Zusage, das Nicken im Auto, nicht einhält. Auch Alexandra geht frustriert ins Bett. Sie empfindet den Ärger ihrer Tochter, und sie spürt sich selbst. Ein Körper, der zwar erst 37, aber völlig ausgepowert ist.

Das Alexandras Körper sich so anfühlt, ist kein Wunder, denn die ständige Überflutung mit Informationen führt zu anhaltendem Stress. Und auf Stresssituationen reagiert unser Körper schon seit Urzeiten in einer bestimmten Art und Weise. Ursprünglich waren diese Reaktionen dafür vorgesehen, dass ein Mensch in einer Bedrohungssituation schnell reagieren konnte. Nach Hinweis der Amygdala[7] und auf Anweisung unseres Reptiliengehirns[8] startet ein Notfallprogramm, das die folgenden Auswirkungen mit sich bringt:

- Erhöhter Herzschlag, bessere Durchblutung des Herzens
- Erhöhung des Blutdrucks
- Schnellere und flachere Atmung
- Stärkere Durchblutung der Muskulatur
- Anspannung der Muskulatur
- Erhöhung der Gerinnungsfähigkeit des Blutes, um bei etwaigen Verletzungen vorbereitet zu sein
- Veränderung der Hautspannung
- Verminderung der Magen-Darm-Aktivität
- Erhöhung der Infektanfälligkeit durch eine herabgesetzte Immunkompetenz
- Vermindertes Interesse an einer Sexualaktivität

Sofern dieser körperliche Zustand nur für kurze Zeit besteht, wie in der Urzeit vorgesehen, kann unser Körper ihn gut ausgleichen. Entwickelt er sich, wie es in unserer «Multitasking-Gesellschaft» bei den meisten Menschen der Fall ist, zum Dauerzustand, ergeben sich daraus erhebliche gesundheitliche Folgen. Die chronische Immunschwäche als Auswirkung nehmen wir am ehesten wahr, wenn wir uns ständig selbst überfordern. Wie oft plagen wir uns mit grippalen Infekten in jeglicher Form herum, haben Kopfschmerzen und Verdauungsstörungen. Mit chemischen Arzneimitteln bekämpfen wir die Symptome, ohne die wirklichen Ursachen einmal anzugehen. Und die Chemie wirkt.

Erst wenn die Hilfeschreie unseres Körpers nicht mehr zu überhören sind, sich zum Beispiel gefährliche Herz-Kreislauf-Erkrankungen bis hin zum Herzinfarkt, Magengeschwüre oder Lungenentzündungen entwickeln, beginnen wir verstärkt über unser Handeln nachzudenken. Der Körper verlangt eine Auszeit, die wir ihm nicht mehr verwehren können – zumindest für die Dauer unserer Krankheit.

Darüber hinaus kann sich die Psyche eines Menschen tiefgreifend verändern. Die Vorboten dieses Prozesses werden von uns meist gar nicht registriert. Symptomen wie permanente Müdigkeit, tiefe Erschöpfung, Abgeschlagenheit und das Gefühl, irgendwie zu wenig Energie zu haben, werden keine Beachtung geschenkt. Wir funktionieren einfach weiter. Und das, obwohl unser Körper längst intensive Signale sendet, dass er auf Reserve fährt. Langsam, aber stetig leert sich unser Akku. Wir beginnen auszubrennen, oder, wie es auf Neudeutsch so schön heißt, die erste «Burn-out-Phase» hat begonnen.

Wenn es uns in dieser Vorphase nicht gelingt, unsere Batterien wieder aufzuladen, reagieren unser Körper und unsere Psyche ganz von selbst. Wie von Geisterhand reduziert sich unser Engagement, Überdruss entwickelt sich, es folgt der emotionale Rückzug von Personen und Vorgängen. Die eigenen Ziele werden nach und nach aufgegeben, weil die Energie fehlt oder weil sich keine Erfolge einstellen. Um diesen Verlust zu kompensieren, startet ein beharrliches «Schuldzuweisungsprogamm». Wer selbst keine Verantwortung trägt, braucht den Tatsachen nicht ins Auge zu sehen. Unabhängig davon, ob sich dieser Vorgang im Inneren abspielt oder nach außen sichtbar wird, er mündet in Depressionen und auch Aggressionen, die sich gegen uns selbst oder unsere Mitmenschen richten. Wer diesen Punkt einmal erreicht hat, ist immer weniger in der Lage, äußere Ansprüche zu erfüllen. Flüchtigkeitsfehler, vergessene Terminabsprachen und auch Dienst nach Vorschrift, ohne aufzufallen, stehen auf der Tagesordnung. Was folgt, ist eine Verflachung des geistigen, sozialen und emotionalen Lebens, häufig einhergehend mit stärkerem Alkohol- und Nikotinkonsum. Aus der anfänglichen Hilflosigkeit hat sich ein intensives Gefühl der Hoffnungslosigkeit entwickelt. Das Leben erscheint völlig sinnlos – Burn-out im Endstadium.

Glücklicherweise führt permanente Überforderung nicht immer in eine Abwärtsspirale. Falls schon früher im Prozess heftige Krisen auftreten oder Menschen da sind, die Unterstützung leisten, besteht die Chance, vorzeitig auszusteigen und das Leben wieder in die eigenen Hände zu nehmen. Viel sinnvoller wäre es allerdings, erst gar nicht in die Burn-out-Schleife zu geraten, indem wir auf unser tagtägliches «Aufmerksamkeitsswitchen» verzichten. Die hilfreiche Alternative besteht darin, sich zu konzentrieren und wahrzunehmen, Emotionen im Hier und Jetzt wieder zu spüren, Beziehung und Kreativität Raum zu geben und Visionen zu leben.

III.
Von der Konformität zur Individualität – packen wir es an

Starten wir nun durch und begeben uns auf die Überholspur – und zwar anders, als der allgemeine Tenor in unserer Zeit es an jeder Ecke verkündet. Wenn wir eine dauerhafte Veränderung unserer Lebensqualität erreichen und uns aus dem engen gesellschaftlichen Korsett des Multitasking befreien wollen, brauchen wir mehr als eine Optimierung von Methoden und Techniken. Wir möchten zum Umdenken anregen und fast vergessene Möglichkeiten wieder ins Blickfeld rücken, denn das Leben ist das, was jeder Einzelne daraus macht. Somit trägt jeder von uns auch die Verantwortung für die Gestaltung seines individuellen Lebens.

Veränderung ist machbar

Wenn wir im Alltag etwas Neues wollen, machen wir uns zunächst Gedanken, entwickeln Wünsche und bauen diese aus. Dann übertragen wir sie in unser reales Leben und setzen sie um. Das erscheint beim Kleiderkauf noch einfach: Wir haben eine Idee, wie wir aussehen wollen, und suchen nach dem passenden Kleidungsstück. Haben wir das Richtige gefunden, überprüfen wir es daraufhin, ob es unseren Wunsch tatsächlich erfüllt. Stimmt alles, kaufen wir diesen Pulli, die Hose oder die Jacke. Wie ist es aber bei weitaus komplexeren Themen wie

Projektaufgaben, Mitarbeitergesprächen, Verhandlungen oder Ähnlichem?

Um eine solche Herausforderung zunächst in Gedanken zu bearbeiten, stellen wir uns selbst Fragen. Unseren inneren Dialog gestalten wir so, dass wir Lösungsansätze entwickeln können. Dabei ist die Tiefe unseres inneren Gedankenaustauschs entscheidend dafür, wie gut unsere Problemlösungen sind. Je mehr Ruhe und Zeit wir uns dabei geben, desto besser wird auch unser Ergebnis sein. Denn nur dann können wir alle Aspekte abfragen, sodass unser Bild umfassend wird. Wie oft aber erlauben wir uns den Rückzug in unser Inneres heute?

Gefangen im allgemeinen Singsang à la «Ich bin so beschäftigt, habe keine Minute für mich, bin ein Multitaskingtalent und deshalb äußerst effizient» beschreiten wir diesen Weg kaum noch. Die ständige Geschäftigkeit bildet einen sicheren Rahmen, der aus Regeln, Codierungen und Verhaltensweisen besteht, die wir brav akzeptieren, ohne sie für uns selbst zu überprüfen – schließlich geht es allen so. Wir haben uns angepasst und erkennen zu selten, dass wir einen Schatz, unsere Individualität und Intuition, aufgeben haben.

Ursache hierfür ist ein unter Soziologen bekannter gruppendynamischer Prozess. Konformität kommt nicht zustande, weil wir vom Sinn, Wert oder zielorientierten Nutzen einer Verhaltensweise überzeugt sind, sondern weil das angepasste Verhalten an sich einen sozialen Nutzen hat. Wir wollen gemocht, geachtet und akzeptiert werden, Anerkennung erfahren und Konflikte mit der Gruppe vermeiden und nicht durch Abweichungen auffallen. Genau deshalb passen wir uns an, schwimmen auf der Welle einfach mit, ohne zu erkennen, dass wir uns dadurch wesentlicher Fähigkeiten berauben.

Konformität lässt wenig Platz für selbständige Entscheidungen und echte Entwicklung. Wir nehmen uns selbst unsere schöpferische Kraft. Freiheiten, die wir durchaus hätten, bleiben ungenutzt. Wirkliche Innovationen und tiefgreifende Veränderungen innerhalb unserer Gesellschaft bleiben aus. Selbstbewusstsein und Bestätigung holen wir uns in der Arbeitswelt allerhöchstens dadurch, dass wir die geltenden Riten perfekt einhalten. Oder wir suchen außerhalb danach, wenn im Privatleben mehr Freiheiten bestehen. Freiraum für die eigene Persönlichkeit ist in der Arbeitswelt selten zu finden. Manchmal haben wir eine Idee, eine Ahnung, in welche Richtung wir gehen könnten, wagen aber den ersten Schritt nicht. Umschlossen von Vorgaben, Antreibern und Routinen bewegen wir uns kaum von der Stelle, unser Verhalten wirkt, als wären wir ohnmächtig.

Eine Umkehr dieser Umstände ist wünschenswert, wartet doch ein stattlicher Lohn auf uns, wenn wir bereit sind, gegen die gefühlte Norm der Mehrfachaufgabenperformanz anzugehen. Unser Gewinn ist Individualität, und das bedeutet die Rückkehr zu uns selbst. Es geht nun darum, die eigenen Stärken neu zu entdecken, die eigene Persönlichkeit zeigen zu dürfen und Gefühle der Begeisterung zu verspüren. Und es geht darum, sich ein Stück zu befreien, ohne die Beziehungsebene zu verlassen, vorhandene Gemeinsamkeiten zu leben und Beziehungen zu festigen – eine Veränderung, die mehr als erstrebenswert ist.

Die vorhandenen Verstrickungen und Verwicklungen, die gegenseitigen Forderungen lassen sich lösen, und wir haben wieder die Hände frei, um das zu tun, was wir tun möchten. Auch hier wirken natürlich gruppendynamische Prozesse, was uns die Möglichkeit gibt, andere auf diesem Weg mitzunehmen. Sobald sich nur ein Mitglied einer Gruppe absetzt, fällt es den anderen leichter, gleichfalls von der typischen Haltung oder dem üblichen Verhalten abzuweichen. Eine Bewegung entsteht und mit ihr eine echte Veränderung, die alle Beteiligten früher oder später positiv spüren werden.

Unser Arbeitsalltag wird danach so aussehen: Wir sind in der Lage, Probleme leichter zu entschlüsseln, und finden Lösungen, die vorher nicht greifbar waren. Das bringt frischen Wind und Motivation mit sich. Wir können souverän mit schwierigen Situationen umgehen, manche Dinge, die uns bisher innerlich aufgeregt haben, betrachten wir nun ruhiger und gelassener. Am Ende werden Sie sehen, dass es ohnehin viel einfacher und mit weniger Aufwand verbunden ist, die eigenen Schwierigkeiten zu beheben als die der anderen. Damit verbunden wächst natürlich unsere Verantwortung, denn wir dürfen auf keinen Fall die neu gewonnene Individualität mit Egoismus verwechseln. Nachhaltige Erfolge werden sich nur einstellen, wenn wir auch die Sorgen und Nöte unserer Mitmenschen und Kollegen wahr–, aber auch ernst nehmen und gemeinsam den Druck abbauen, der durch die gegenseitigen Anforderungen entsteht.

Nur wer aktiv ist und manchmal auch über seine Grenzen hinausgeht, kann persönlich wachsen. Das wird möglich, wenn wir bewusst unsere Aufmerksamkeit auf die scheinbar unbewussten Prozesse richten. Denn damit eröffnen sich neue Verhaltensoptionen für den Alltag. In diesem Zusammenhang liegen uns drei Aspekte am Herzen, die aus unserer Sicht geeignet sind, die ersten Schritte zu unternehmen, um die Multitaskingfalle zu umgehen. Machen wir uns nun gemeinsam auf den Weg, diese drei Faktoren einmal genauer in Augenschein zu nehmen.

Entwickeln Sie ein neues Denken

Was macht Sieger aus? Wie gewinnt man ein Rennen? Wie treffen wir Entscheidungen? Welche Antworten gegeben werden, hängt auch davon ab, wo die Fragen gestellt werden. In unserem Kulturkreis, mitten in Europa, vor allem im deutschsprachigen Raum, herrscht ein anderes Denken vor als beispielsweise in skandinavischen Ländern oder in Amerika. Zentral ist, dass sich in unseren Breiten im Lauf der Zeit genügend gute Grundlagen für ein gesellschaftliches Miteinander entwickelt haben. Es gibt Regeln, die jeder Einzelne kennt, und solche, die nur bestimmte Personen betreffen. Bei weiteren Veränderungen geht es also mehr um Details und Einzelheiten, nicht so sehr um das große Ganze. Doch bevor wir etwas bewirken können, ist es wichtig zu erkennen, wie wir in unserer Hemisphäre an Aufgabenstellungen eigentlich herangehen.

Es ist 8:00 Uhr morgens. Sie sind knapp dran und nehmen deswegen statt der Bahn das Auto, um zur Arbeit zu fahren. Schnell werfen Sie Ihre Sachen ins Fahrzeug, springen selbst hinein, stecken den Schlüssel ins Schloss und denken schon an das wichtige Meeting, das auf Sie wartet. Plötzlich stutzen Sie. Sie hören gar kein starkes Motorbrummen, nur ein Hüsteln – das Auto springt nicht an. Sie haben ein Problem!
Ohne dass es Ihnen bewusst wird, haben Sie inzwischen schon mindestens zehnmal den Schlüssel im Zündschloss herumgedreht. Allein mit Logik könnten Sie erkennen, dass ein elfter Versuch keine Lösung bringen wird. Dennoch versuchen Sie es. Noch einmal und noch einmal. Die Schweißausbrüche machen Ihnen immer bewusster, dass Sie ein echtes Problem haben. Ein

Blick auf die Uhr tut sein Übriges. 15 Minuten sind schon vergeudet und immer noch hängen Sie in einer Notlage fest. «Ich komme zu spät! Das glaub ich nicht!», dieser Gedanke setzt sich in Ihrem Kopf fest.

Solange Sie sich in einem solchen Zustand befinden, werden Sie keine Lösung finden. Sie werden zu spät kommen, weil Sie zu viele Gedanken und letztlich zu viel Zeit mit der «Problemanalyse» verschwenden. Dadurch werden Sie länger als nötig in der beschriebenen «Gedankenfalle» festgehalten. Erst wenn wir in einer solchen Situation an eine mögliche Lösung denken können, werden wir sie auch finden. Je schneller uns das gelingt, desto weniger Zeit und Energie müssen wir investieren. In dem Moment, in dem uns eine Idee kommt, befinden wir uns auf der richtigen Spur. Die Lösung könnte «Taxi» heißen, sobald wir dieses Wort denken, werden wir handlungsfähig. Wir werden unser Handy zücken, anrufen, die Dringlichkeit der Fahrt betonen – und schließlich ankommen. Sollten wir irgendwann wieder in eine ähnliche Situation geraten, werden wir unsere Lösung schneller abrufen können: Wir werden keine 15 Minuten verlieren, sondern möglicherweise nur zwei.

Nehmen Sie die Lösung ins Visier

Vielleicht ist Ihnen unser Beispiel zu banal, schließlich ist ja ganz klar, wie hier eine Lösung zu finden ist. Das mögliche Vorgehen liegt auf der Hand. Von außen betrachtet scheint es geradezu lächerlich, wertvolle Minuten verschenkt zu haben. Nur wenn wir selbst in einer ähnlichen Situation sind, bemerken wir meist nicht, dass wir uns in einer Problemschleife befinden und auf der Stelle treten. Souveränes Verhalten und das Finden von Lösungsansätzen erscheinen uns in der gedanklichen Vorstellung wie eine Selbstverständlichkeit – im Alltag sieht es jedoch oft ganz anders aus. Problemorientierte Strategien sind in vielen Unternehmen an der Tagesordnung und beherrschen auch unser eigenes Denken. Die Frage nach dem Warum steht oft im Mittelpunkt, leider nur selten die zielorientierte Sichtweise nach vorne – was könnten wir tun? Doch genau da wollen wir hin.

Wir möchten, dass Sie beginnen, Ihr Denken zumindest versuchsweise auf Lösungen zu konzentrieren, damit Sie schneller Entscheidungen treffen und Herausforderungen meistern können. Fangen Sie ganz bewusst an, Zeit dafür aufzuwenden, sich intensiv mit einer Sache zu beschäftigen. Gestehen Sie sich dabei auch das eine oder andere Hilfsmittel zu. Dieser Schritt ist leicht zu gehen, eröffnet aber ganz neue Dimensionen.

Andrea hatte ein echtes Problem: Sie konnte sich keine Zahlen merken. Schon als Schulkind hatte sie in Mathe und Geschichte versagt, und auch der Lehrer hatte das Problem erkannt. «Sie kann es einfach nicht, das liegt ihr nicht», hatte er den Eltern erklärt. Niemals hatte er sich gefragt, was nötig wäre, um Zahlen für diese Schülerin attraktiver zu machen. Wieso auch? Er war zur Fehlersuche mit roter Tinte ausgebildet worden und nicht zum Motivationstrainer, die Spielregeln waren eindeutig und somit auch die Grenzen für ihn klar gesteckt.

Heute repräsentiert Andrea ein großes Chemieunternehmen. Für sie als Pressesprecherin sind auch Unternehmenszahlen extrem wichtig. Ihr Problem ist inzwischen gelöst: Vor einer extrem entscheidenden Pressekonferenz, die kurz vor dem Bör-

sengang des Unternehmens stattfand, wirkte Andrea auf einmal sehr nervös und unruhig. Ihr Vorgesetzter, ein Motivator par excellence, wunderte sich: «Andrea, was ist los? Wirst du krank?» Obwohl sie ihr «Problem» unbedingt für sich behalten wollte, platzte es einfach aus ihr heraus: «Ich konnte mir noch nie Zahlen merken. Und das kann ich jetzt auch nicht. Ich hab die Quartalszahlen nicht im Kopf.» Ängstlich blickte Andrea ihren Chef an. Hatte sie sich nun ins Aus geschossen?
«Nun, dann sollten wir etwas tun», entgegnete er knapp und setzte sich mit Karteikarten an den Tisch. Mit einem dicken Stift schrieb er die magischen Zahlen auf, dann reichte er Andrea die Karten. «Sag, was du möchtest, und nicht, was du nicht kannst. Und – belüge die Leute nicht!»
Andrea hatte keine Zeit mehr, lange zu überlegen. Die ganze Aufmerksamkeit und Konzentration der Presse und der Aktionäre war voll auf sie gerichtet. Sie begann ihren Vortrag nicht wie sonst mit einem Scherz, sondern mit den Worten: «Heute ist ein wichtiger Tag für uns alle. So wichtig, dass ich mir die entscheidenden Eckdaten auf Karteikarten aufgeschrieben habe, um ja sicherzugehen, dass Sie absolut korrekte Informationen erhalten. Nun, fangen wir an ...»

Andrea hat nach der Anregung ihres Chefs mit kleinen Karten einen Lösungsweg gefunden und ihn konsequent ausgebaut. Heute merkt sie oft gar nicht mehr, dass sie ihre Hilfsmittel nicht einsetzt, wenn sie die Quartalszahlen verkündet. Wenn sie unsicher wird, sagt sie: «Moment, ich will Ihnen mit Sicherheit die richtigen Daten nennen», blickt auf ihre Karte und fährt locker fort.

Das ist genau, was wir brauchen: Wir benötigen vorwärtsgerichtete Strategien, zielorientierte Denkweisen. Die Suche nach Lösungen wird nur dann fruchtbar sein, wenn wir wissen, wohin wir wollen, uns das angestrebte Ziel deutlich vor Augen führen und uns Zeit für die Auseinandersetzung mit einer Herausforderung nehmen. Das ständige Switchen zwischen den Anforderungen verbaut uns diese Möglichkeit, weil uns dabei eine eindeutige Zielorientierung fehlt. Nur klare Ziele geben uns das Gefühl von Souveränität, denn dann wissen wir genau, wohin wir wollen und weshalb es notwendig ist, sich genau jetzt mit einer bestimmten Aufgabe zu beschäftigen. Doch bei vielen Aktivitäten, die uns jeden Tag begleiten, verfolgen wir unsere Ziele nicht, sondern Routine, Gewohnheitsabläufe und die Anforderungen der anderen bestimmen unser Handeln.

Indem wir unsere Aufmerksamkeit einer Situation nur begrenzt widmen, verfestigen wir unsere problemorientierte Denkweise und bremsen uns selbst aus. Wir kommen fast zum Stillstand und verkleinern selbst unseren Horizont. Alles wird schwer, jede Form von Begeisterung geht verloren. Und mehr noch, sukzessive entwickeln wir negative Wahrnehmungsfilter. Die abwärts führende Spirale dreht sich weiter und weiter.

Ziel- und somit lösungsorientierte Strategien hingegen wirken ganz anders. Wenn wir dem Dogma Gleichzeitigkeit wirklich die Stirn bieten wollen, lernen wir am besten, uns bewusst in jeder Situation für etwas zu entscheiden, anstatt gegen ein Problem zu kämpfen und es von allen Seiten mehrfach zu analysieren. Unsere Motivation, anstehende Schwierigkeiten aus dem Weg zu räumen, wird dadurch wachsen. Eine in die Zukunft gerichtete kreative Denkweise kann sich entwickeln. Dieses neue Vorgehen beflügelt uns, gibt uns Auftrieb und stärkt unser Selbstwertgefühl. Es trägt uns direkt in die Zukunft und macht uns offen für das, was um uns herum vorhanden ist. So fällt es spielend leicht, Entscheidungen zu treffen, da die Alternativen klar vor uns liegen.

Um dies zu erreichen, benötigen wir Konzentration auf die Sache, ungeteilte Aufmerksamkeit für jede Aufgabenstellung und den Willen, sich intensiv mit dem Anstehenden auseinanderzusetzen. Vor allem jedoch brauchen wir klare und eindeutige Ziele. Nur wenn wir wissen, wohin wir wollen, können wir der Fremdbestimmung entgegentreten. Nur dann können wir klar äußern, wie unser Weg aussieht und weshalb wir genau diese Entscheidung jetzt treffen und dafür eine gewisse Zeit aufwenden.

Entscheiden Sie sich f ü r etwas

Je öfter es uns gelingt, ganz bei uns zu bleiben, desto wahrscheinlicher ist es, dass wir auch in schweren Situationen zukunftsweisende Lösungen finden. Natürlich kann es auch einmal länger dauern, bis wir überhaupt lösungsorientiert denken können, zum Beispiel, wenn wir besonders betroffen oder getroffen sind, wenn unsere Emotionen sehr stark sind. Doch auch dann führt der beschriebene Weg zum Ziel.

Samuel, genannt Sam, sitzt auf seiner Terrasse und genießt die Sonne. Ja, er genießt die Sonne wirklich. Er blickt an sich herunter. Er hat sich sehr verändert. Schmal ist der Hüne geworden, seine Haut ist fahl und spröde. Seine Gedanken schweifen kurz zurück zu dem Montag, an dem ihm die größte Herausforderung seines Lebens gestellt wurde. Es gab keine Vorwarnung, keine besondere Dramaturgie. Er saß in einem kahlen Behandlungszimmer. Ihm gegenüber drei Ärzte, die ihm unumwunden mitteilten: «Sie haben Krebs, leider sieht es nicht gut für Sie aus. Sie haben vielleicht noch drei, vielleicht auch fünf Jahre.»

Sam kann noch heute den freien Fall ins Bodenlose von damals spüren, dieses unfassbare Gefühl, diese unsagbare Angst. Er erinnert sich an die Stille, obwohl er doch schreien wollte. An diese knallharte Klarheit, obwohl er sich doch wie in Watte gepresst vorkam. Eine Woche lang lag er völlig fassungslos in seinem Krankenbett, konnte nicht verstehen, wieso die Schwestern vom schönen Wetter schwärmten. Eigentlich hätte die Sonne gar nicht erst scheinen dürfen, angesichts einer solchen Katastrophe. Sein Sohn änderte das. Er vollbrachte das Wunder, an das niemand mehr zu glauben wagte. Sieben Jahre alt, gerade in die A-Mannschaft seines Vereins aufgenommen, stolz und fröhlich trotz der Krankheit seines Vaters.

«Du musst am Samstag zum Spiel kommen, Papa, ich spiele!» Sam rollte eine Träne übers Gesicht «Ich kann nicht, ich bin zu krank, mein Cowboy.» Der kleine Cowboy zog eine Schnute und blickte seinen Vater fest an: «Wenn du tot bist, kannst du auch nicht mehr kommen, toll!» Betreten brach Sams Frau den Besuch ab, weinend ging sie nach Hause. Auch Sam weinte. Er weinte lange. Als der Arzt sein Zimmer betrat und fragte, ob er ihm helfen könnte, antwortete der Kranke: «Ich lebe noch, ich lebe jetzt und ich muss am Samstag zu einem wichtigen Spiel!» Ein Lächeln huschte über das Gesicht des erfahrenen Mediziners: «Kein Problem, das kriegen wir hin.»

Sam hat seinen eigenen Weg gefunden. Sehr individuell, aber die Lösung trägt auch heute. Die Diagnose ist jetzt gute zwei Jahre her. Sam ist immer noch krank. Er will trotzdem jeden Tag genießen oder, wenn das nicht geht, sehr bewusst erleben. Im Moment genießt er.

Haben Sie noch unsere ersten beiden Geschichten im Gedächtnis? Alle drei, so unterschiedlich sie auch sein mögen, zeigen, dass Probleme sich nicht generell einteilen lassen in schwer und leicht, das tun wir immer nur selbst. So werden manchmal die kleinsten Schwierigkeiten fast unüberwindlich und große können wir überraschend gut meistern. Als Sieger werden wir nicht geboren, wir entwickeln uns dazu, wenn wir nach jeder Niederlage wieder aufstehen und es noch einmal probieren. Wenn wir dagegen mental in unseren Problemen stecken bleiben, besteht keine echte Chance, Lösungen zu finden. Erst konsequentes, zielorientiertes Handeln führt uns zu motivierenden Erfolgserlebnissen und zu einem dauerhaften Gefühl innerer Konstanz. Die Angst vor Entscheidungen wird dann gar nicht entstehen. Nach und nach wächst unsere Sicherheit und wir lernen, dass es immer Lösungen gibt.

Während wir unseren Weg konsequent verfolgen, weil wir unser Ziel klar im Blick haben, entwickeln wir eine weitere wichtige, sogar unverzichtbare Stärke – Verantwortung! In dem Augenblick, in dem wir uns entscheiden, werden wir die Folgen tragen, sind wir doch sicher, dass wir die richtige Wahl getroffen haben. Mit einer bewussten Entscheidung für das, was wir wichtig finden, verhindern wir, dass wir uns unbewusst für das Unwichtige entscheiden. Das verlangt von uns eine Rückkehr zu mehr Eigenverantwortung und die konsequente Abkehr von der sich immer mehr ausbreitenden, bereits erwähnten Konformität. Die eigenen Ziele zu erreichen, heißt aber auch, andere auf diesem Weg mit einzubeziehen. Im diesem neuen Miteinander kann etwas Großes entstehen. Beginnen wir jetzt damit, es ist an der Zeit.

Vielleicht haben Sie in Ihrem Leben bereits eine Menge von Besprechungen, Konferenzen oder Seminaren erlebt, die wirklich interessant und wichtig waren. Sicherlich ist Ihnen aufgefallen, dass es dabei weniger auf die Quantität, sondern vielmehr auf die Qualität der ausgetauschten Informationen ankam. Sie haben diese Erlebnisse als intensiv und hochwertig empfunden, weil Sie sich genügend Zeit für die Auseinandersetzung genommen haben und weil andere Ihnen dafür den Raum und die Zeit gegeben haben. So konnten Sie bewusst hinterfragen, welchen Einfluss das vermittelte Wissen auf Sie persönlich, auf Ihre Entwicklung und auf Ihre Ziele haben könnte. Geistiger Freiraum wurde geschaffen und mit ihm sind Verantwortung und Kreativität entstanden. Dabei verstärkte sich das Gefühl von Freiheit und wuchs Ihr Selbstbewusstsein, weil Sie die Gelegenheit hatten, sich wieder auf Ihre eigenen Ziele zu konzentrieren.

Somit sind Ausreden, dass die Umstände uns zu diesen und jenen Handlungen zwingen, oder das Suchen nach «Schuldigen» völlig überflüssig und wertlos. Wir brauchen so etwas einfach nicht mehr. Die Fremdbestimmung und mit ihr der Drang nach ständiger Gleichzeitigkeit weicht der Selbstbestimmung. Wenn wir bereit sind, uns f ü r etwas zu entscheiden, haben wir den ersten Schritt auf dem Weg zu unserer neuen Individualität getan.

Konzentrieren Sie sich auf das Wesentliche

Um dem neuen Pfad leichter und wirklich konsequent folgen zu können, sollten wir lernen, Wichtiges von Dringendem zu unterscheiden.

«Leider muss Herr Otthoff das mit ihnen ausgemachte Treffen heute Mittag verschieben!», teilt Carola im Auftrag ihres Chefs dem Projektleiter, Herrn Lang, mit ihrer angenehmen Stimme via Telefon mit. Vom anderen Ende der Leitung vernimmt Carola einen tiefen Seufzer, vermag jedoch nicht zu deuten, ob es sich um einen Ausdruck von Erleichterung oder von Bedauern handelt. «Kein Problem», hört sie Herrn Lang sagen, «wir finden sicher bald einen neuen Termin! Ich melde mich in den nächsten Tagen.»

Wie geht es Ihnen, wenn eine Verabredung abgesagt wird? Vielen Menschen ist es mehr als recht, wenn ein Termin aus dem übervollen Kalender gestrichen werden kann. Sie sehen es fast als ein Geschenk des Himmels an, als einen Glücksfall. Sie haben Zeit gewonnen. Doch was im Augenblick der Absage noch als grandiose Pause erscheint, ist nach wenigen Minuten schon wieder bis in die letzte Sekunde ausgefüllt.

Lernen Sie, Prioritäten zu vergeben

In jedem Augenblick, Tag für Tag, treffen wir Entscheidungen darüber, wie wir unsere Zeit am besten nutzen. Und noch während wir uns bemühen, all unsere Aufgaben und Verantwortlichkeiten mit den richtigen Prioritäten zu versehen, um sie dann zeitpunktbezogen abzuarbeiten, strömen bereits neue Anforderungen auf uns ein. Ein Teufelskreis, dem wir dadurch zu entrinnen versuchen, dass wir die an uns gestellten Aufgaben noch schneller, noch effizienter und zumeist «gleichzeitig» erledigen. Nur dadurch erscheint es uns unmöglich, alles unter einen Hut zu bringen. Wie Roboter führen wir eine Aktivität nach der anderen aus und beruhigen uns zumeist damit, dass das ja von uns verlangt wird und wir nichts dagegen tun können. Nur manchmal fragen wir uns, ob dieses Handeln überhaupt einen Sinn hat.

Kurzzeitig lenken wir dann unsere Aufmerksamkeit auf das, was vielleicht wirklich wichtig im Leben erscheint, auf die Dinge, die unserem Dasein hier auf Erden einen tieferen Sinn geben. Um allerdings nicht aus der Bahn geworfen zu werden, beruhigen wir unser Gewissen schnell damit, dass «für die anderen Dinge» ja noch unendlich viel Zeit bleibt. Wenn diese stressige Phase erst einmal vorbei ist, können wir uns immer noch mit uns und dem Leben auseinandersetzen, Lebensvisionen und -philosophien für unsere Zukunft entwickeln und unser Leben aktiv gestalten. So verhallt der Ruf unseres Herzens immer wieder ungehört und die wirklich großen Ziele und Visionen bleiben unbeachtet. Sicher hat das auch damit zu tun, dass wir meinen, die Götter hätten nun einmal den Schweiß vor den Erfolg gesetzt. Zunächst benötigen wir Geld, um unsere Familie zu versorgen, unseren Urlaub zu finanzieren, unser Haus abzubezahlen oder die Leasingrate für das Auto zu bedienen, und, und, und.

«Schauen Sie sich doch meinen Terminkalender und meine Aufgabenliste an», hören wir immer wieder von den Teilnehmern unserer Seminare. «Meine geschäftlichen und/oder privaten Verpflichtungen zwingen mich dazu, die vor mir liegenden Aufgaben immer schneller zu erledigen. Das meiste erfordert unverzügliches Handeln und Gleichzeitigkeit. Unsere heutige Zeit ist nun einmal so schnelllebig geworden, und die Anforderungen sind leider sehr hoch. Dabei ist mein volles Engagement gefordert, denn schließlich möchte ich nicht abgehängt oder ausgemustert werden.»

Die Uhr wird zum Taktgeber unseres Lebens, unser Handeln wird zum Spiegelbild unserer Überzeugungen. Genauso erleben wir es tagtäglich. Unser Denken und unsere Verhaltensweisen müssen sich grundlegend ändern.

Annette ist eine glänzende Chefsekretärin. Mit großer Routine und mit viel Gefühl unterscheidet sie Tag für Tag, Stunde für Stunde, zwischen dringlichen und wichtigen Aufgaben Ihres Chefs. Ihre Aufmerksamkeit ist enorm hoch und schon an der Stimme eines Anrufers erkennt sie dessen Stressfaktor. Bei ihrer Arbeit behält sie immer die Ziele ihres Vorgesetzten, Herrn Meir, und somit der gesamten Firma im Blick. Auch bei Anfragen und Bitten von Mitarbeitern bringt Annette ihr feines Gespür ein, ohne dass ihr Chef dies mitbekommt. Er weiß, auf Annette kann er sich blind verlassen. Oft sind es die von ihr zu Terminen notierten Details, die ihm in Verhandlungen oder schwierigen Gesprächen den entscheidenden Vorteil verschaffen – und er weiß das auch. Meir ist ein guter Chef, auch das weiß er, und er ist sich sicher, dass sein Arbeitsalltag ohne Annettes Planung schwierig wäre. Ihm fällt es schwer, Dringliches von Wichtigem zu unterscheiden.
Wie oft hätte er wohl schon ein Essen mit seiner Frau absagen müssen, weil ein wichtiger Kunde sofort eine Entscheidung wollte und er die Angelegenheit nicht hätte vertagen wollen? Wie wenig Freizeit hätte er heute, wenn Annette nicht all seine Aufgaben koordinieren würde? Ja, Annette beherrscht ihre Arbeit. Mit ihrer sanften Art setzt sie dringende Sachen an die richtige Stelle in den Zeitplaner ihres Vorgesetzten. «Diesen Freitag geht es nicht, aber der folgende Donnerstag wäre ein guter Tag, um Ihrem Termin die notwendige Zeit einzuräumen. Wenn Sie mir noch ein paar Details schriftlich zukommen las-

sen, kann sich Herr Meir auf den aktuellen Stand bringen und am Donnerstag gleich mit Ihnen eine Lösung erarbeiten.»

Meir lächelt, als er Annette zuhört. Er wird vor dem Kundengespräch gut informiert und am Freitag pünktlich zu Hause sein. Seine Nerven werden stark bleiben und sein Leben erfüllt. Kurz bevor er nach Hause geht, verabschiedet er sich von seiner Sekretärin: «Sollten Sie sich jemals mit dem Gedanken tragen, uns zu verlassen, müssen Sie mir vorher beibringen, wie Sie das mit all den Terminen machen, Annette. Es ist ein Wunder, ich danke Ihnen.» Annette lächelt: «Das ist ganz einfach, Herr Meir, die wichtigen Dinge kommen zuerst, die unwichtigen am Schluss!»

Manchen mag unser Beispiel als zu schön um wahr zu sein erscheinen. Wer hat schon so eine tolle Sekretärin, die die eigenen Schwächen ausgleicht, und wer einen Chef, der sieht, was man leistet. Dennoch ist es ein reales Beispiel. Und mehr noch: Eigentlich hat Herr Meir längst von seiner Sekretärin gelernt, seine Schwäche existiert gar nicht mehr. Er hat Verantwortung abgegeben und Annette hat sie angenommen. Etwas, das sehr schwierig ist, wenn wir ständig mit Informationen überflutet werden. Herr Meir hat genau erkannt, was wichtig ist und was eben nicht. Für ihn ist Annette wichtig, und so konnte er ihr auch Verantwortung, ja sogar Macht einräumen. Würde er dies alles auf seine Person konzentrieren, seine Macht mit niemandem teilen, könnte Annette nicht so frei arbeiten. Ihr Lächeln wäre wahrscheinlich längst verschwunden, und zur Arbeit ginge sie wohl auch nicht mehr gerne. Und Herr Meir? Auch er hätte viel verloren. Die Zeit, die er jetzt mit den vielen schönen Dingen des Lebens und seiner Familie verbringt, stünde ihm gar nicht zur Verfügung.

Durch die Entscheidung von Herrn Meir konnte etwas sehr Großes auf beiden Seiten wachsen: Vertrauen! Starkes Vertrauen bewirkt eine nachhaltige und tiefe Entspannung im Sinne von Lockerheit und Unbefangenheit. In diesem Zustand fällt es uns leicht, Kontakt zu unserem Inneren aufzunehmen. Und dann können wir frei entscheiden, worauf wir den Fokus unserer Aufmerksamkeit richten möchten. Zudem arbeiten wir im entspannten Zustand am effektivsten.

Doch hat die Dringlichkeitssucht Besitz von uns ergriffen. Wir sind so sehr in unsere Tätigkeiten vertieft, dass uns die Frage, welche davon wirklich wichtig sind, was wir abgeben können und was nicht, kaum interessiert. So wird die Dringlichkeit zum beherrschenden Faktor in unserem Leben. Die Unterschiede zwischen wichtig und dringlich verschwimmen, und wir erkennen nur noch die dringend zu erledigenden Aufgaben als wichtig an. Das tun wir, ohne zu reflektieren, wir lassen uns von außen bestimmen, machen uns zum Spielball anderer und wirken auch genau so auf unsere Umwelt. Unsere Eigenverantwortung haben wir längst abgegeben, ohne uns darüber bewusst geworden zu sein.

Wie geht es Ihnen? Denken Sie einmal an einige der Auf gaben zurück, die Sie in letzter Zeit bearbeitet haben und die zu einem bestimmten Zeitpunkt erledigt sein mussten. Sie haben es geschafft, klar. Sie sind rechtzeitig fertig geworden, aufgrund der Effizienz, die Sie sich angeeignet haben, vielleicht sogar einen Tick vor dem Termin – Glückwunsch!

Pech nur, dass Sie leider sofort die nächsten dringenden Aufgaben mit klaren Terminen vor sich hatten, die wahrscheinlich schon in Ihrer To-Do-Liste oder Ihrem Terminplaner standen. Und wie sieht es heute, ein paar Wochen oder Tage später, aus? War die Erledigung aller Aufgaben bahnbrechend und zielführend für Ihre Abteilung, Ihr Unternehmen, Ihr Leben?

Wenn Sie ehrlich sind, werden Sie feststellen, dass in den meisten Fällen – mit zeitlichem Abstand betrachtet – die Wichtigkeit der angeblich unaufschiebbaren Aufgabe schwindet. Was vorgestern keinen Aufschub mehr duldete, weil sonst die Welt untergegangen wäre, hat heute schon nicht mehr die Relevanz, die wir zu Beginn annahmen. Denn ob wir die Aufgabe nun erledigt haben oder nicht, die Welt um uns herum dreht sich noch immer. Wir haben es verlernt, Wichtiges von Dringendem zu unterscheiden, verlernt, unseren Fokus auf das Wesentliche zu lenken und dementsprechend zu handeln. Doch dieses Wissen ist nur verschüttet, nicht verloren.

Die vier Aufgabentypen

Wenn wir uns die täglich anfallenden Aufgaben, Aktivitäten und Entscheidungen einmal näher anschauen, so lassen sich unserer Meinung nach vier Anforderungs- und Aufgabentypen unterscheiden.

Typ 1: nachhaltige und kurzfristig zu erledigende Aufgaben

Aufgaben dieses Typs verlangen stets unverzügliches Handeln. Meist sind sie mit festen Terminen verbunden. Diese Aktivitäten wollen sofort und müssen vor allem immer von uns selbst erledigt werden. Kritische Situationen, drängende Probleme und auch Krisen zählen hierzu. Diese Anforderungen zu ignorieren würde bedeuten, sich selbst derart viele Pflichten aufzubürden, dass man sie vermutlich nicht mehr bewältigen könnte. Doch Vorsicht, eine Vielzahl der «To dos» dieser Kategorie entstehen zumeist deshalb, weil wir durch Unentschlossenheit oder mangelnde Vorbereitung und/oder Planung eine nachhaltige Aufgabe zu einer dringenden gemacht haben, die dann unter Zeitdruck erledigt werden muss.

Typ 2: nachhaltige Aufgaben ohne genauen Erledigungszeitpunkt

Diese Aufgaben sind die entscheidenden in unserem Leben. Wenn wir sie erledigen, hat das die stärksten positiven Auswirkungen auf unser Dasein und unseren langfristigen Erfolg. Meist sind sie mit tieferen Sinnfragen verknüpft. Wo wollen wir, unser Unternehmen, unsere Abteilung hin? Welche Visionen und Ziele stehen dahinter? Wie können wir diese erreichen, und was genau können wir jetzt dafür tun? Indem wir uns mit diesen Fragen auseinandersetzen, entwickeln wir unsere Persönlichkeit, gestalten unsere Individualität und erweitern unseren Horizont. Langfristige Planungen und deren Absicherung gehören ebenso in diese Kategorie wie die Aufgaben, die Selbstverantwortung anderer zu fördern und tiefe Beziehungen zu unseren Mitmenschen herzustellen, indem wir Vertrauen aufbauen.

Die Bandbreite unserer Handlungsmöglichkeiten wird umso größer, je mehr Zeit wir für diese Aufgaben aufwenden. Haben wir sie gelöst, verschafft uns das höchste Befriedigung, sorgt für viel Motivation und leistet den wertvollsten Beitrag für nachhaltigen und langfristigen Erfolg. Auch diese Aufgaben und Anforderungen können wir nur selbst erledigen, dazu ist der eigene innere Antrieb erforderlich. Wir sind bei diesen Aktivitäten nicht fremdbestimmt und sie werden uns auch nicht von außen diktiert. Und unsere Lösungsansätze sind Ausdruck unserer eigenen Kreativität.

Doch Achtung: Da für diese Aufgaben kein konkreter Erledigungszeitpunkt vorgeben wird, neigen wir überwiegend dazu sie auf die lange Bank zu schieben, bis sie nicht nur wichtig, sondern auch dringlich werden. In Last-Minute-Aktionen werden sie dann erledigt, Stress, Erschöpfung und geringe Befriedigung sind die Folge.

Typ 3: kurzfristig zu erledigende Aufgaben ohne Nachhaltigkeit

Achtung, Klonalarm! Dieser Aufgabentyp ist quasi eine Attrappe von Typ 1. Wir gaukeln uns vor – gefangen im ständigen Aktionismus –, die angeblich kurzfristig zu erledigenden Aufgaben wären auch wichtig und hätten nachhaltige Wirkung für unseren Erfolg und die Erreichung unserer Ziele. Der größte Teil aller E-Mails, Anrufe, Meetings und Besuche, um Präsenz zu zeigen, manche Briefe, viele Berichte, einige Konferenzen etc. sind Aktivitäten dieser Kategorie.

Ohne es zu merken, verbringen wir mit ihnen die meiste Zeit. Bewusst oder unbewusst erfüllen wir diese Aufgaben – schnell, effizient, viele scheinbar gleichzeitig – und erkennen nicht, dass wir damit nur den Prioritäten anderer Menschen gerecht werden. Wir handeln fremdbestimmt, verlieren unsere Individualität und haben unsere Eigenverantwortung fast vollständig abgegeben. Wir verkommen zu Erledigungsklonen, ausschließlich die termingerechte Fertigstellung steht im Mittelpunkt. Unsere größten Zeiträuber und Zeitreserven befinden sich genau hier! Wenn wir zur Souveränität unserer Persönlichkeit zurückkehren, Konformität durch Individualität ersetzen und wieder Verantwortung übernehmen, lassen sich viele dieser Aufgaben vermeiden. Ein echter Zeitgewinn ist die Folge.

Typ 4: Aufgaben ohne Erledigungszeitpunkt und ohne Nachhaltigkeit

Reine Zeitverschwendung wäre die treffendere Bezeichnung für diese Kategorie. Eigentlich gehören alle Tätigkeiten dieses Typs sofort eliminiert. Oft versuchen wir dennoch, unsere verbrauchte Energie durch eine Flucht in diesen vierten Bereich wieder aufzuladen. Leider finden wir hier kaum Erholung und Balsam für die Seele. Sobald die Anfangsfreude über die scheinbar mühelose Aktivität verflogen ist, stellen wir fest, dass wir sowohl unsere Zeit als auch uns selbst verloren haben.

In diese Gruppe gehören zum Beispiel das Konsumieren geistloser Fernsehsendungen, das Chatten oder sinnloses Internetsurfen. Auch im beruflichen Alltag werden sie viele Aufgaben finden, deren Erledigung eigentlich niemanden wirklich interessiert und deren Ergebnisse weder zielführend noch relevant sind. Das Lesen von Informationsschriften und Werbebotschaften, die nicht Ihr Kerngebiet berühren, oder dicke Statistiken, die alles beleuchten, das Wesentliche jedoch nicht herausstellen, viele cc-E-Mails und auch viele Anrufe, bei denen es nur darum geht, sich die eigene Meinung bestätigen zu lassen, sind Beispiele dafür. Seien Sie mutig, benutzen Sie Ihren Papierkorb, räumen Sie auf und sagen Sie bewusst auch einmal nein. Die Anschaffung eines großen runden Abfallbehälters ist eine lohnende Investition, falls Ihnen Ihr Mülleimer zu klein vorkommt. Stellt sich wider Erwarten später doch heraus, dass sie etwas Wichtiges entsorgt oder vergessen haben, wird Sie früher oder später jemand daran erinnern – versprochen!

Zugegeben, eine solche statische Einteilung von Aufgaben und Aktivitäten ist immer ein Stück undifferenziert, denn eine

Berücksichtigung aller wechselseitigen Abhängigkeiten ist schwer möglich. Auf den ersten Blick fällt es nicht leicht, zu glauben, dass sich unser Alltag so klar und strukturiert in nur vier Aktivitätstypen gliedern lässt. Doch trotz aller Einschränkungen, die einer solchen Kategorisierung innewohnen, werden Sie relativ schnell feststellen, dass Sie die meisten Aktivitäten bei genauer Betrachtung durchaus einem der oben genannten Typen zuordnen können.

Lassen Sie nun einfach die letzte Woche Ihres Lebens Revue passieren, und versuchen Sie einzuordnen, in welchem der vier oben beschriebenen Bereiche Sie den Großteil Ihrer Zeit verbracht haben. Die Schwierigkeiten, die uns bei einer solchen Klassifizierung sowohl im Rückblick als auch in der Gegenwart begegnen, hängen nicht mit den eventuell zu engen Grenzen und klaren Einteilungen zusammen, sondern mit dem Dilemma, zu entscheiden, was zu einem bestimmten Zeitpunkt am wichtigsten ist.

Die Erfahrung zeigt: Wir Menschen bewegen uns zum Großteil im Bereich des Aufgabentyps 3, verwechseln ihn jedoch häufig mit Typ 1. Wir haben Termine und verspüren Druck von außen, was es notwendig macht, Dinge möglichst schnell und vor allem mehrere gleichzeitig zu erledigen. Dies hat zur Folge, dass wir unsere Prioritäten dem Diktat der Dringlichkeit unterwerfen. Für wirklich nachhaltige Aufgaben ohne klaren Endtermin bleibt oft keine Zeit. Dabei wäre vieles effektiver und letztendlich schneller lösbar, wenn wir die wichtigen Aufgaben in unseren Fokus setzen würden.

Es sind jedoch nicht nur die anderen, auch wir selbst erzeugen Druck. Wer wartet schon gerne auf eine Antwort oder eine Entscheidung. Meist wollen auch wir alles sofort! Doch wir können unsere Zeit weder sparen noch vermehren, und wir können sie nur einmal aufwenden. Der Versuch, überall präsent zu sein, alles mitzunehmen, was irgendwie interessant erscheint, fördert nur unsere Hyperaktivität und verstärkt die Unzufriedenheit mit uns selbst.

Erst wenn wir unsere Prioritäten anders setzen und uns auf das Wesentliche konzentrieren, werden wir Entspannung finden. Hierbei bietet der intensive Versuch, eine Sache wirklich gut zu machen oder ein Könner und Experte auf einem bestimmten Gebiet zu sein, einen effektiven Schutz gegen Ablenkungen und Abschweifungen. Die Konzentration auf unsere wahren Interessen bietet eine exzellente Möglichkeit, Zeitverschwendung und der Multitaskingsucht vorzubeugen. Wenn wir uns darum bemühen, das Wichtige und Wesentliche zu ergründen, und uns auf dieser Grundlage mit unseren Entscheidungen und Handlungen auf unser Ziel hin bewegen, führt das unweigerlich zu einem Quantensprung bei unserer Lebensqualität. Damit schaffen wir uns einen Bezugsrahmen, in dem wir, ausgerichtet an unseren Bedürfnissen und Zielen, unsere Zeitplanung organisieren und unsere Lebensführung gestalten können.

Nutzen Sie die Kraft positiver Gefühle

Vielleicht haben Ihnen die bisherigen Ausführungen ja Mut und Lust gemacht, sich mit den Möglichkeiten zu beschäftigen, wie Sie Ihr Leben selbst gestalten können. Ob die bereits erwähnten oder noch folgenden Anregungen immer nutzbar sind, hängt natürlich von Ihrer individuellen Lebenssituation und Lebensgeschichte, von Ihren Wünschen und Ihren sozialen Fähigkeiten ab. Für uns Menschen gilt jedoch, dass wir alle über eine nahezu gleiche Gehirnstruktur verfügen, die sich im Lauf der Evolution in unendlich langen Zeiträumen entwickelt hat. Dabei funktionierte unser Gehirn am Anfang vor allem als Gefahrensensor. Hunger, Kälte und alle möglichen Feinde mussten rechtzeitig erkannt werden, um schlimme Folgen abzuwehren. Die Entwicklungsgeschichte lehrt uns jedoch auch, dass die Entstehung von Neuem immer dann möglich war, wenn Menschen die Kraft ihrer positiven Gefühle als Vorteil ins Spiel gebracht haben.

Was positive Emotionen bewirken

Nicht immer hat der Aggressivste, der Misstrauischste oder Ängstliche überlebt, sondern auch der Neugierige, der zu Beziehungen Fähige, der Humorvolle und der Experimentierfreudige gediehen und schafften Neues. Während negative Emotionen wie Wut, Angst und Ärger unsere Denk- und Handlungsalternativen einengen, weil wir alles ausblenden, was nicht unmittelbar der Problemlösung dient, erweitern positive Emotionen wie Freude, Zufriedenheit und Neugier unsere Möglichkeiten. Optimales kognitives Funktionieren scheint, so lehrt uns die Erfahrung, vor allem dann möglich, wenn wir uns im Einklang mit unseren Emotionen befinden. Fühlen wir uns gut, werden unsere Entscheidungen fundierter, unser Denken wird kreativer. Positive Gefühle bewirken, dass wir freier, zugänglicher, offener und vor allem integrativer sind. Der Fokus unseres Wahrnehmungshorizonts erweitert sich, wir sind ganz darauf eingestimmt, Informationen zu sammeln und die Umwelt zu erforschen. Unsere Aufmerksamkeit erhöht sich, wir reagieren wacher und genießen den Augenblick.

Positive Gefühle begünstigen darüber hinaus den Aufbau und die Pflege sozialer Bindungen und Beziehungen, auf die wir in Krisenzeiten zurückgreifen können. Zudem fördern sie unsere Freiheit und Unabhängigkeit. Unsere körperliche Gesundheit profitiert ebenfalls, Stressreaktionen werden abgemildert. So bilden wir ganz nebenbei einen Puffer gegen zukünftigen Stress und kommen zurück in eine Balance. Wir arbeiten zielgerichteter und zudem optimistischer. Nicht zuletzt festigen positive Emotionen unsere Identität, führen uns zu größerer Individualität und sorgen dafür, dass wir lebenswichtige Ressourcen aufbauen.

Unabhängig davon, um welche positiven Emotionen es sich handelt, sie alle befähigen uns dazu, unsere Anlagen zu erkennen, unsere Ressourcen sowie Potenziale zu nutzen und Beziehungen zu anderen Menschen wertschätzend und intensiv zu gestalten.

So bringen Sie sich in gute Stimmung

Doch was können wir tun, um in uns positive Gefühle zu erzeugen? Die Antwort darauf ist einfach, denn wir haben es selbst in der Hand. Das Entstehen von positiven Emotionen ist eng verknüpft mit unserer Zeitwahrnehmung. Leider ist diese sehr fehleranfällig, denn wie wir mit Zeit umgehen, bestimmen immer wir selbst. Die Zeitspanne, die wir erleben, hängt davon ab, wie aufmerksam wir bei der Sache sind. Je konzentrierter wir etwas tun, desto weniger nehmen wir wahr, dass Zeit vergeht und umso mehr Zeit haben wir tatsächlich, da uns nichts ablenken kann. Wir arbeiten höchst effektiv. Erst diese bewusste Konzentration auf den Augenblick gibt uns die Möglichkeit, positive Emotionen zu erfahren und maximale Leistung abzurufen. Leben findet immer im Hier und Jetzt statt! Alles, was unsere Aufmerksamkeit wirklich fesselt, verursacht Gefühle.

Es ist 14:00 Uhr, bis zur Präsentation vor der gesamten Vertriebsmannschaft bleiben Ihnen nur noch 60 Minuten. Wie so oft fliegt die Zeit nur so dahin. Vor dem geistigen Auge erscheint Ihr Chef, der Ihnen mit ernstem Blick mitteilt, dass er nicht sonderlich begeistert davon ist, dass ihm die vollständigen Unterlagen immer noch nicht vorliegen.
Sie versuchen zwar, sich zu konzentrieren, aber Sie sind nicht aufmerksam bei der Sache. Doch nicht der Zeitdruck löst die Malaise aus, sondern Ihre Angst. Die Angst, der Aufgabe nicht Herr zu werden, gekoppelt mit der Furcht vor den Folgen eines Misserfolgs. Sie verlieren die Selbstkontrolle, wollen die Aufgabe noch schneller erledigen, sind mit Ihrer Aufmerksamkeit aber schon weiter in die unmittelbare Zukunft gehuscht. Verschiedene Unglücksszenarien bauen sich nun vor Ihrem inneren Auge auf. Der Computer scheint plötzlich langsamer zu arbeiten und auch der Drucker hört sich anders an als sonst. «Jetzt nur kein Papierstau», ist der nächste Gedanke der Ihnen durch den Kopf schießt. Und: «Hoffentlich klingelt jetzt nicht noch das Telefon.» Von Minute zu Minute wächst die Unfähigkeit, sich ganz intensiv mit den anstehenden Aufgaben auseinanderzusetzen. Sie fangen an, sich zu verzetteln. Doch Sie sind nicht gestresst, weil Sie keine Zeit haben, sondern Sie haben keine Zeit, weil Sie sich selbst stressen.

Die Alternative in einer solchen Lage besteht darin, just in dem Moment, in dem wir spüren, dass unsere Aufmerksamkeit schwindet, bewusst einen Schnitt zu setzen, sich aus der

Situation herauszuziehen. Das verschafft uns die Möglichkeit, eine Distanz aufzubauen, die zu mehr Ruhe und Konzentration führt, aber auch Wahlmöglichkeiten eröffnet. In unserem Beispiel hätte es vielleicht schon gereicht, langsam und bewusst ein Glas Wasser zu trinken, einen Schokoriegel zu essen, den Blick nach draußen zu wenden oder sich bewusst zu bewegen und zu atmen, um Abstand zu schaffen. Danach wäre es wieder möglich gewesen, die erforderliche Konzentration aufzubringen.

Durch solch einen kleinen Perspektivenwechsel können wir unser Empfinden für die Zeit massiv beeinflussen. Der Sekundenzeiger verliert plötzlich seine Macht. Gestärkt werden wir nun die anstehende Aufgabe – auch wenn sie schwierig ist – mit aller Aufmerksamkeit und in angemessener Zeit erledigen können.

«Abschalten, das klingt einfach und ist theoretisch vielleicht auch möglich, in meinem Berufsalltag aber völlig undenkbar», hören wir oft von unseren Trainingsteilnehmern. «Die Welt draußen ist anders als das Labor!» Sie haben recht. Solange wir das Abschalten, also den Ausschluss von Informationen und Stimulationen, als Verzicht und Verlust empfinden, werden wir uns kaum frei fühlen, bewusste Aufmerksamkeit zu leben. Wir brauchen Gelassenheit.

Üben Sie sich in Gelassenheit

Dieses Gefühl dürfen wir in unserer so hektischen Welt erst wieder neu entdecken. Dabei ist es unabdingbar, sich an die eigenen Erfahrungen zu erinnern. In diesem Zusammenhang wollen wir zwei wesentliche Arten von Erfahrungen unterscheiden. Zunächst ist hier die Intuition zu nennen. Sie wird wie alle Emotionen im limbischen System gebildet, hat nichts mit Esoterik zu tun, und ihre Existenz ist wissenschaftlich nachgewiesen. Die Intuition speichert unsere unbewussten Erfahrungen, die uns im Notfall sehr schnell handlungsfähig machen, wobei wir selbst dies nur als Ahnung, komisches Gefühl, allerhöchstens als Ziehen im Bauch oder an anderer Stelle wahrnehmen können. Im Nachhinein können wir dann oft nicht mehr sagen, warum wir gerade so gehandelt haben, erkennen aber, dass es absolut richtig war. Wir können uns auf unsere Intuition verlassen.

Ralph, ein 48-jähriger hochmotivierter Börsenmakler, hatte den Aktieneinbruch 2000 gemeistert und auch die Folgen des 11.9.2001 verhältnismäßig gut überstanden. Vielschichtig hatte er seine Investitionen auf dem Markt platziert, durch geschickte Verteilung und Schnelligkeit hatte er das Schlimmste für seine Kunden verhindern können. Ein knappes Jahr später drängten viele Kleinanleger auf den Markt, die Kurse stiegen und auch Ralphs Kunden baten um Rat, wollten sie doch wieder Gewinne einfahren. Ralph war hin und her gerissen. Auf der einen Seite wusste er, dass die vielen Neukunden ihm ein dickes Geschäft einbringen würden, auf der anderen Seite versetzte ihn etwas in Alarmbereitschaft. Was das war, konnte er nicht sagen, aber er hatte ein komisches Gefühl. Was sollte er seinen Kunden raten? Sie würden ihm folgen und kaufen, was er für richtig hielt. Täglich kletterten die Kurse, Jubelstimmung und Heiterkeit kehrten nach den bitteren letzten Monaten zurück. Auf ein Neues schien es, als würde die Börse alle Mutigen belohnen. Der 11. September schien, zumindest an der Börse, vergessen.

Plötzlich war es Ralph ganz klar. Alles raus, alles in Sicherheit bringen, verkaufen zum jetzigen Kurs, keine Sekunde mehr warten. Er rief alle Kunden an, verkaufte bis sein Hörer glühte. Sein Kollege schüttelte den Kopf und mahnte: «Du verlierst Millionen, du bist wahnsinnig.» Ralph zitterte vor Anspannung. Er war so lange in diesem Geschäft, hatte so viel erlebt, aber einen plötzlichen Kurssturz bei sich langsam erholender Wirtschaft, so etwas hatte es noch nie gegeben. Doch sein Gespür musste einfach richtig sein. «Börse blüht auf und findet zurück zur alten Stärke» berichtete die Nachrichtensprecherin von n-tv fröhlich. Kurz wurde Ralph schlecht. Da spürte er es wieder, sein Gefühl warnte ihn erneut. Er ging nach Hause, konnte das Kopfschütteln seiner Kollegen nicht mehr ertragen. Alles, alles hatte er verkauft. Wenn die Aktienwerte morgen nur um einen Punkt steigen würden, hätte er Millionen in den Sand gesetzt. Die Nacht war unruhig und kurz. Er kämpfte gegen den dringenden Wunsch an, ins Internet zu schauen. Wie konnte er so etwas gestern nur tun? Jede Menge Spott würde er heute aushalten müssen, die Arbeit vieler Jahre hatte er vernichtet, sein Ruf war dahin. Mit gesenktem Kopf, ohne jemanden anzuschauen, ging er zu seinem Arbeitsplatz und setzte sich betont langsam und vorsichtig auf seinen guten, alten Stuhl in «seiner» Börse.

Da bemerkte er die Anspannung, die Hektik rundherum. Es war gespenstisch, wie eine Wiederholung des 11. September. Er blickte auf die Anzeigentafel. Die Börse war komplett eingebrochen, schon am Morgen! An diesem Tag wurde die Börse sogar früher geschlossen, ein Novum. Ralph hatte viele Menschen vor dem Ruin und noch mehr vor dem Verlust ihrer Ersparnisse bewahrt. Er konnte später nicht mehr sagen, warum ihn seine Intuition zu diesem Handeln gebracht hatte, er hatte nur gewusst, dass er sich darauf verlassen konnte. Lediglich kurz war er unsicher geworden, weil sein Verstand ihm klarmachte, dass es ihn sein Vermögen kosten könnte. Ralph rollten Tränen über die Wangen, er wusste, dass es den Aktienhandel, wie er noch vor einem Jahr gewesen war, nie wieder geben würde. Er wusste, dass dies nicht mehr seine Welt sein würde.

Heute lebt er im Ruhestand und denkt viel über die damalige Zeit nach. Er hat den Ausstieg nie bereut, denn er hatte wieder dieses Gefühl, das ihn nie im Stich gelassen hat. Dieses Gespür ließ ihn etwas zu Ende bringen, zu einem guten Ende. Wir nennen es Intuition.

Die bewusste Erfahrung ist der zweite wichtige Weg, über den sich Gelassenheit entwickelt. Alles, was wir sehr bewusst erleben, speichern wir dauerhaft ab. Mit diesem Wissen können wir sicher sein, auf bestimmte Situationen oder Fragen eine Lösung oder Antwort bereitzuhaben. Mit der Zeit entsteht immer mehr Vertrauen in uns und anderen, auch unsere Motivation wird gestärkt. Beides bildet sich zunächst in unserem Inneren heraus.

Motivation ist eine schier unermüdliche Triebfeder, die uns immer nach vorne bringt, was wiederum positive Gefühle entstehen lässt. Drei dieser guten Grundgefühle wollen wir besondere Aufmerksamkeit schenken, da sie sehr mächtig sind und sich hier die Wechselwirkung zwischen Erfahrungen und Motivation sehr deutlich zeigt. Wir werden durch Freude, Zufriedenheit und Neugierde angespornt. Sind wir motiviert, empfinden wir unter anderem Freude, Zufriedenheit und Neugierde. Natürlich gibt es unendlich viele Emotionen, doch wir können nicht alle beschreiben. Wir wollen uns auf ein paar beschränken, die Ihnen beim Loslassen des Gleichzeitigkeitswahns besonders gut helfen können und auf die wir, während wir versuchen multitaskingfähig zu sein, überwiegend verzichten müssen.

Kramen Sie ein wenig in Ihrer Schatzkiste der positiven Emotionen, und versuchen Sie sich zu entsinnen, wann es Ihnen gelungen ist, mit schwierigen und stressreichen Situationen auf positive Art umzugehen. Fragen Sie sich: Wie habe ich das gemacht? Welche Faktoren haben dazu beigetragen, dass es mir gelungen ist? Was benötige ich, um diese Erfahrung zu wiederholen?

Vielleicht decken sich Ihre Erfahrungen mit unseren, vielleicht auch nicht. Bei der Kultivierung von Gelassenheit gibt es sowieso keine Patentrezepte, die Möglichkeiten sind so vielschichtig und so individuell wie wir Menschen.

Freude

Freude empfinden wir dann, wenn wir etwas erreicht haben, wenn wir von anderen so wahrgenommen werden, wie wir sind, wenn wir uns in vertrauter, angenehmer und sicherer Umgebung befinden oder wenn uns die Nähe von anderen bewusst wird. Während wir Freude verspüren, sind wir weltoffen, interessiert an uns und anderen und bereit, uns zu engagieren. Wir handeln spielerisch, probieren intellektuell etwas aus, experimentieren und kommen zu überraschenden Einfällen. Unsere soziale Akzeptanz steigt, wir gewinnen an Ansehen, weil wir die anderen so nehmen, wie sie sind. Dadurch sind wir fähig, neue Beziehungen zu knüpfen und bestehende zu intensivieren. Nehmen Sie sich Zeit, herauszufinden, wann genau Sie derartige Emotionen empfinden. Es lohnt sich, offen, kreativ und jeden Tag aufs Neue darüber nachzudenken.

Zufriedenheit

Mit dem Gefühl der Zufriedenheit geht eine hohe Bereitschaft, Eindrücke aufzunehmen und zu verarbeiten, einher. Besser als in allen anderen emotionalen Zuständen sind wir dann in der Lage, die Gegenwart, den Augenblick, das Hier und Jetzt achtsam wahrzunehmen. Wir erleben neue Erfahrungen bewusst und integrieren sie in unser Selbstbild und in unsere Fremdbilder von anderen, schaffen uns neue innere Bilder für die Zukunft. Dadurch entstehen neue Alternativen, wie wir zukünftig Herausforderungen lösen. Fatalerweise glauben wir oft, das angenehme Gefühl der Zufriedenheit mache uns selbstzufrieden und passiv. Genau deshalb lassen Sie sich im allgemeinen Tagesstress viel zu wenig auf dieses Gefühl ein. Sie spüren kaum, welche Auswirkungen das intensive Erleben dieser Emotion auf Ihr Wirken haben könnte.

Neugier und wirkliches Interesse

Unsere Lust an Geheimnissen und ihrer Aufdeckung ist in jeder Phase unseres Lebens gleich stark. Die Bereitschaft, komplexe Zusammenhänge und neue Herausforderungen zu erforschen, beschert uns ein bestimmtes Gefühl: Neugier und großes Interesses sorgen dafür, dass wir uns selbstvergessen einer Tätigkeit hingeben. Freudige Erregung breitet sich aus. Wir bieten all unser Wissen und Können auf, um passende Lösungen für die aktuell anstehenden Probleme zu finden. Unter dem Eindruck dieses großen Gefühls sind wir bereit, intensiv zu lernen und auszuprobieren. Wir arbeiten an der Erweiterung unseres Ichs und an der Stärkung unserer Individualität. Wir schaffen Wachstum, stärken unsere Kreativität und fördern unsere Intelligenz. Unser Vorrat an Wissen wächst stetig und kontinuierlich.

Diese drei Emotionen verspüren wir tagtäglich, doch nur selten lassen wir sie in ihrer ganzen Intensität entstehen. Viel zu schnell decken wir sie zu mit den nächsten Anforderungen, die sich uns stellen. Wir möchten Sie animieren, Ihren Tag einmal bewusster zu erleben. Gönnen Sie sich die ganze Kraft Ihrer Emotionen, wenn diese in Ihr Bewusstsein vordringen. Geben Sie Ihren Gefühlen Raum und genießen Sie, was dadurch entsteht. Die Auswirkungen werden grandios sein und Sie vom Diktat der Multitaskingfähigkeit Zug um Zug befreien. Mehr noch, Sie werden leistungsfähiger und nachhaltig erfolgreicher, denn die positiven Gefühle wirken sich in jedem Fall auf Ihre Entscheidungen und Handlungen aus. Vielleicht wird das nicht immer in all den Facetten sichtbar, die wir beschrieben haben, doch einzelne positive Aspekte werden Sie ganz bestimmt entdecken und sicher eine positive Gesamtwirkung auf Ihr Wohlbefinden feststellen.

Das bedeutet nicht, dass wir permanent gut drauf sein müssen, um ein gutes und stressfreies Leben führen zu können. Negative Emotionen wie Unzufriedenheit oder auch Angst sind ein durchaus nötiges Korrektiv, um nicht blind für die Realitäten des Lebens zu werden. Es wäre kontraproduktiv, sich nur positive Gefühle zu erlauben. Eine Beziehung zum Beispiel, in der es nur Harmonie, aber keine Kritik, Enttäuschungen oder Differenzen gibt, gestaltet sich wohl eher träge und eintönig. Und wer keine Auseinandersetzungen mit Kollegen oder Vorgesetzten hat, der kann Lob und Anerkennung kaum noch wertschätzen.

Würden wir immer nur selbstsicher, stressfrei und zufrieden durch unser Leben gehen, fiele es uns schwer, bestimmte Situationen angemessen einzuschätzen. Vermutlich wären wir allzu forsch und würden naiv an unsere Aufgaben herangehen. Eine Prise Ängstlichkeit, Aggressivität und Selbstunsicherheit lässt uns so manches Mal sogar entschiedener auftreten. Auch negative Emotionen haben deshalb ihre Berechtigung. Wie so oft im Leben ist der Mix entscheidend.

IV. Die Entdeckung der Gelassenheit – Sie sind am Zug

Das bewusste, intensive Zulassen unserer Gefühle, welcher Couleur sie auch immer sein mögen, ist eine exzellente Möglichkeit, um sowohl der eigenen als auch der Forderung anderer nach ständiger Gleichzeitigkeit entgegenzutreten. Starten Sie jetzt durch: Beschreiten Sie mit der klaren Entscheidung für ein bewussteres Erleben Ihrer Zeit einen neuen Weg. Vielleicht wird Ihnen dabei Verschüttetes und Unbekanntes begegnen, auf jeden Fall werden Ihre Emotionen und auch Ihre Intuition Sie sicher um jede Klippe führen, auf die Sie treffen. Gönnen Sie sich mehr Gelassenheit und Ruhe im Alltag. Im Folgenden erfahren Sie, was Sie für sich und was Sie für andere tun können, um den Folgen des «Gleichzeitigkeitszwangs» zu entkommen.

Richten Sie Ihren Fokus neu aus

Ohne Frage, wir Menschen leben sehr oft in einer Alltagstrance. Wir klagen über die Vergangenheit, sorgen uns um die Zukunft und vergessen ganz, uns dem zu widmen, was wir gerade tun. Schluss damit! Leben Sie im Jetzt! Es lohnt sich! Wir haben die Wahl zu meckern, andere für schuldig zu erklären oder die Herausforderung anzunehmen, die sich uns tagtäglich stellt – nämlich im Hier und Jetzt präsent zu sein und trotzdem die eigene Zukunft im Blick zu haben. Das bedeutet automatisch eine Abkehr vom Vergangenen, weil nicht mehr zu verändern, und eine Hinwendung zu unseren Zielen und damit zu möglichen Lösungen.

Wenn Sie wissen, dass Sie beispielsweise einen roten Porsche haben wollen, werden Sie sich als Nächstes damit befassen, wie Sie das Geld dafür erarbeiten. Anschließend werden Sie sich, wenn Sie wirklich von diesem Fahrzeug träumen, mit Energie ans Geldverdienen machen, denn Sie wissen ja, wofür Sie das tun. Ihr Wunsch heißt «Porsche» und Ihre Lösung ist in diesem Fall vielleicht der dicke Geldbeutel. Einfach, nicht wahr?

Natürlich funktioniert das nicht nur bei materiellen Wünschen, sondern auch bei Werteträumen und Emotionen. Wenn Sie glücklich werden wollen, sammeln Sie all die kleinen Erlebnisse, die Sie erfreuen, und machen sich diese bewusst, sobald Sie ihnen begegnen. Schon rückt Ihr Ziel näher.

Schauen Sie sich aufmerksam um. Betrachten Sie gezielt Gegenstände in der Nähe und der Ferne. Was bereitet Ihnen Freude? Was gefällt Ihrem Auge? Beobachten Sie das Licht und den Schatten, die Nuancen der Farben. Wenn Sie die Möglichkeit haben, aus dem Fenster zu sehen, beobachten Sie das Spiel der Wolken, die Blätter der Bäume im Wind oder das Flugzeug am Horizont. Vielleicht aktivieren Sie die Lautsprecher Ihres Computers und starten die mp3-Datei mit Ihrem Lieblingslied.

Nehmen Sie bewusst auf und genießen Sie das, was Sie wahrnehmen. Picken Sie sich die Rosinen aus allen sich darbietenden Reizen. Achten Sie auch auf Details und Kleinigkeiten, wie es kleine Kinder tun. Immer dann, wenn Sie sich mit ganzem Herzen und voller Aufmerksamkeit einer Sache widmen, leben Sie intensiv und erleben die Gegenwart in all ihren Formen und Farben. Eine wunderbare Spannung entsteht, die Sie leistungsfähig und ausgeglichen machen wird.

Die Ablenkungen, die permanent auf Sie warten, werden plötzlich nebensächlich, und ein Gespür dafür, was für Sie und andere im Hier und Jetzt wichtig sein könnte, entwickelt sich. Entdecken Sie, was schön, cool, einzigartig oder gar sensationell an Ihrer Arbeit ist. Diese Tätigkeiten werden Ihnen leichter fallen, noch interessanter erscheinen und die Fokussierung hierauf verstärkt sich weiter.

Ablenkungen dürfen ausbleiben, Störungen sind nicht erwünscht, denn jedes Tun fordert Ihre volle Aufmerksamkeit. Weisen Sie jeder Tätigkeit, jeder Aufgabe und jedem Projekt, das Sie konzentriert bearbeiten möchten, einen emotionalen Wert zu, zum Beispiel wichtig, aufregend, schön. Um diese neue Wertigkeit zu unterstreichen, können Sie dem jeweiligen Projekt einen konkreten Namen geben. Die Ausarbeitung der neuen Statistik heißt dann vielleicht «Statistik leicht gemacht» oder «Aktion Klartext» oder die Ausarbeitung des Vertrags bekommt den Titel «Überzeugung durch Klarheit». Ein wohlklingender Name bewirkt, dass Sie sich stärker mit der jeweiligen Arbeit identifizieren können. Das wiederum erleichtert die Konzentration und Aufmerksamkeit auf die Sache noch einmal.

Ihre Arbeit ist eine Serviceleistung, die Sie erbringen, um Ihr Ziel, Ihren Traum oder Ihre Vision umzusetzen. Genau diese Wertigkeit, wie auch immer Sie sie zum Ausdruck bringen, sollten Sie jeder ihrer Tätigkeiten geben. Dadurch entsteht immer etwas Persönliches, ähnlich einem Passwort, das nur Ihnen zur Verfügung steht. Sie werden sich noch Monate und Jahre später daran erinnern, denn Sie haben einer Aufgabe einen hohen persönlichen Wert zugewiesen. Je kleiner die Schritte sind, die Sie dabei gehen, umso schneller werden Sie vorankommen.

Das bedeutet aber keineswegs, dass Sie sich selbst und das, was Sie tun, für «klein» oder «unwichtig» halten. Wenn Sie vom Nutzen Ihrer Tätigkeit und Ihres Handelns überzeugt sind, demonstrieren Sie dies auch nach außen. Doch sobald Sie die Wichtigkeit Ihres Projekts anzweifeln, sprechen Sie offen darüber. Vielleicht haben Sie einen entscheidenden Baustein bei Ihrer Planung übersehen. Eventuell haben aber auch andere Beteiligte nicht genau genug hingeschaut und grundlegende Details unbeachtet gelassen. Nur was auf dem Tisch liegt, können Sie und andere eingehend betrachten, um die notwendigen Rückschlüsse für die Bearbeitung einer Aufgabe zu ziehen. Wenn Sie es schaffen, so vorzugehen und sich auf sich selbst zu verlassen, werden Sie sehen, dass sich Ihre Blickrichtung und Ihre Aufmerksamkeit ändern. Und dadurch verringert sich die Gefahr der permanenten Ablenkung und Reizüberflutung.

Entscheiden Sie sich für ein klares Ja oder Nein

Ein Montagmorgen, an dem wir statt voller Müdigkeit voll motiviert an die Arbeit gehen, das ist schon was. Wir haben unser Ziel, den roten Porsche, vor Augen und legen frisch und munter los. Doch scheinbar wartet an jeder Ecke eine andere Information, ständig klingelt das Telefon oder kommt ein Kollege an, der nur eine ganz kleine Info möchte. Es scheint, als seien plötzlich übermenschliche Kräfte nötig, um die Dinge zu erledigen, die wir eigentlich gerade tun wollten. Unser Ziel, der rote Porsche, verschwindet im Nebel.

Sie können jetzt, in diesem Moment, etwas tun oder Sie lassen es. Beides hat Folgen. Anstatt darüber zu sinnieren, welche Katastrophen passieren könnten, kommen Sie lieber ins Tun. Nehmen Sie sich ein paar Minuten Ihrer wertvollen Zeit, werden Sie sich der Lage bewusst und ändern Sie Ihre Strategie in Richtung einer «Hin-zu-Perspektive». Diesen neuen Weg können Sie auch schriftlich fixieren, denn das geschriebene Wort setzt eine Rückkoppelung in Gang. Was Sie aufgeschrieben haben, steht nun als Ihre Wahrheit da und erlaubt es Ihnen, Ihre Gedanken nochmals zu prüfen, zu ändern oder anzunehmen. Erleben Sie, welche Befriedigung Sie verspüren, wenn Sie Ihre Aufgaben konzentriert und somit zügig angehen.

Überlegen Sie weiter, welche Informationen Sie wirklich brauchen, um die momentane Aufgabe zu erledigen. Seien Sie dabei ehrlich zu sich selbst. Wenn Sie zu der Überzeugung gelangen, dass Sie alle Informationen besitzen, um die Aufgabe zu lösen, entscheiden Sie in diesem Moment bewusst, auf alle weiteren Informationen zu verzichten. Lassen Sie keine Störungen mehr zu. Wie Sie das tun, bleibt Ihrer Kreativität überlassen, aber tun Sie es eindeutig und wertschätzend. Einige Anregungen dazu folgen gleich. Wenn Sie so vorgehen, wird der rote Porsche seine Konturen nicht verlieren.

Gerade in der Arbeitswelt können Sie Ihre Konzentration mit einfachen Mitteln deutlich erhöhen. Sie können Ihr E-Mail-Programm schließen und Ihren Kollegen mitteilen, dass Sie in der nächsten Stunde (oder den nächsten zwei bis drei Stunden) nicht gestört werden möchten, weil Sie Wichtiges zu tun haben. Erklären Sie kurz, woran Sie gerade arbeiten, wenn Sie es für nötig halten, und weshalb das für Sie wichtig ist. (Na ja, das große Ziel, den Porsche, brauchen wir nicht unbedingt zu erwähnen, ist es doch ein ganz privater Traum, den andere nicht werten sollten.) Verbinden Sie Ihre Abwesenheitsmitteilung mit der konkreten Aussage, in welcher Zeit Sie am heutigen Tag wieder für einen Informationsaustausch zur Verfügung stehen. Nutzen Sie auch die Möglichkeiten der modernen Telefone und schalten Sie die Mailbox-Funktion ein. Nehmen Sie eine Ansage auf, wann Sie sich bei den Anrufern melden werden. Beispiel: «Ich bin leider momentan nicht erreichbar, werde Sie aber heute Nachmittag zwischen 14:00 und 15:00 Uhr zurückrufen» oder «Hinterlassen Sie mir bitte eine Nachricht, wann ich Sie heute Nachmittag am besten erreichen kann».

Vergessen Sie nicht, dass es völlig legitim ist, konzentriert arbeiten zu wollen. Das ist sogar Ihr Job und darf von Ihnen erwartet werden. Sofern Sie konkret sagen, was los ist, und vor allem verbindlich sind, was Ihre Zusagen angeht, werden Sie kaum auf Widerstände bei Ihren Kollegen stoßen. Bitte achten Sie unbedingt darauf, alles, was Sie zusagen, einzuhalten. Wenn Sie ankündigen, zwischen 14:00 und 15:00 Uhr zurückzurufen, müssen Sie das auch tun. Ansonsten verlieren Sie Ihre Glaubwürdigkeit und keiner wird Sie mehr ernst nehmen. Dann werden Ihre Kollegen, Freunde oder Partner hinter Ihrem «Bitte-nicht-stören»-Hinweis einen Trick vermuten, um sich auf Kosten anderer Zeit zu ergaunern. Bleiben Sie verbindlich! Andere Mitarbeiter haben ähnliche Herausforderungen zu bewältigen wie Sie und müssen sich darauf verlassen können, dass Sie dem Team nach wie vor zur Verfügung stehen, auch wenn Sie des Öfteren konzentriert und ungestört arbeiten wollen.

Um der Gleichzeitigkeitsfalle zu entkommen, prüfen Sie genau, was momentan ansteht, und sagen klar und deutlich

«Nein, jetzt nicht» oder «Ja, ich nehme mir gerne Zeit». Beides ist wichtig für Sie selbst und für Ihr Umfeld. Die bewusste eigene Entscheidung, sich Zeit für eine bestimmte Aufgabe zu nehmen, erhöht unser Wohlbefinden, unsere Zufriedenheit und stärkt unsere Beziehungsfähigkeit. Wir verlieren uns nicht im Nirwana, sondern bleiben in der Gegenwart, konzentriert und fokussiert auf die eine Sache.

Nur hören wir manchmal den Einwand – meist aus den Führungsetagen – dass es keine übereinstimmenden Zeitfenster mehr geben würde, in denen miteinander kommuniziert und Informationen ausgetauscht werden könnten, wenn sich jeder solche «Auszeiten» nimmt. Wir können Sie beruhigen. Nach einer anfänglichen Verwunderung stellen sich alle darauf ein. Schließlich erlaubt sich niemand «Bitte-nicht-stören-Zeiten» über Tage hinweg, sondern meist nur für einige Stunden. Und wenn alle verbindlich zu Ihren Versprechungen stehen, ist so ganz nebenbei eine einwandfreie (Zeit-)Organisation entstanden, von der alle profitieren. Schlussendlich steht jedem Einzelnen mehr Zeit zur Verfügung, denn jeder erledigt seine Aufgaben nun schneller und effektiver.

Entmachten Sie den Hauptstressor E-Mail

Am leichtesten fallen uns Veränderungen, wenn wir sie unmittelbar spürbar machen – beispielsweise im Tagesablauf. Die erste Aktion, die die meisten von uns jeden Morgen im Büro vollführen, ist das Einschalten des PCs. Sobald er hochgefahren ist, beginnen wir unseren Arbeitstag damit, E-Mails zu checken. Und schwups, ohne dass es uns bewusst wird, tappen wir in die Dringlichkeits- und Fremdbestimmungsfalle.

Irgendjemand will immer irgendetwas, und zwar nicht irgendwann, sondern möglichst sofort. Und schon sind wir mittendrin in der Fremdbestimmung und der Hektik. Die elektronische Post ist aus unserem Büroalltag nicht mehr wegzudenken. Schriftliche Informationen, aber auch Bilder, Zeichnungen oder Tondokumente können weltweit schnell und kostengünstig übermittelt werden. Und in der Tat, sofern der Informationsaustausch per E-Mail mit Bedacht erfolgt, lässt sich damit eine Menge Zeit sparen. Die unsachgemäße Nutzung dieses Mediums hingegen kostet uns viel Zeit und schreit förmlich nach einer Multitaskingfähigkeit, die wir jedoch leider nicht besitzen.

Nun ist die E-Mail von Haus aus eines der schwierigsten Kommunikationsmedien überhaupt. Scheinbar wundervoll, billig und unverkrampft, praktisch, bequem und cool, können wir damit alles erledigen. Wir lieben E-Mails, und viele sind schon fast süchtig danach. Ein Tag ohne E-Mail ist sonderbar und versetzt uns in Alarmbereitschaft. Oder wie geht es Ihnen, wenn Sie länger als vier Stunden keine elektronische Nachricht erhalten haben?

Obwohl E-Mails ein Klartextmedium sein sollten, erzeugen sie weitaus mehr Missverständnisse, als wir wahrhaben wollen. Das liegt vor allem daran, dass sie zwar ein schriftliches Austauschmittel sind, aber dennoch viele Merkmale der mündlichen Kommunikation tragen. Durch E-Mails entsteht scheinbar eine Dialogsituation, obwohl diese Art des Austauschs Welten vom echten Gespräch entfernt ist. Schließlich können sich die beiden Partner weder hören noch sehen. Zwar kann ein ähnlich schnelles Tempo wie beim Sprechen erreicht werden, doch der Anteil der nonverbalen Kommunikation fehlt völlig. Wir sehen keinen mimischen Ausdruck, hören keinen Tonfall, kurzum: Wir empfangen keine Signale der Körpersprache, die uns helfen, die ankommenden Informationen einzuordnen. Damit entfallen 93 Prozent dessen, was Kommunikation ausmacht. Eine Decodierung der emotionalen Zwischentöne, die in jeder mündlichen Unterhaltung erfolgt, ist ausgeschlossen.

Das öffnet Fehlinterpretationen natürlich Tür und Tor. Mit dem Medium der Spontaneität wird rein sachliche Information transportiert, der wir nur durch unsere momentane emotionale Befindlichkeit die entsprechende Wertung zuteil werden lassen. E-Mails suggerieren uns eine Nähe zum Empfänger, die keineswegs vorhanden ist. Gerade diese fehlende Beziehung verführt oft zu sinnlosem Missbrauch und macht die E-Mail zu einer der größten Gleichzeitigkeitsfallen. Durch diesen uns zumeist nicht bewussten Charakter erfolgt das Schreiben einer E-Mail fast nie, wenn wir ausgeruht am Tisch sitzen und uns Zeit dafür nehmen. E-Mails gehen scheinbar immer nebenher! Das gilt sowohl für das Lesen als auch das Schreiben.

Dabei weisen diese Nachrichten meist autistische Züge auf. Schlag auf Schlag werden Informationen aneinandergereiht und Forderungen gestellt. Mit gegenseitiger Verständigung hat das nichts zu tun. Oft entfallen Grußformeln, der Ausdruck persönlicher Wertschätzung, und Sätze werden kaum vollständig formuliert, sodass sich der Sinnzusammenhang, wenn überhaupt, nur schwer erschließen lässt. Hauptsächlich geht es um den Absender selbst, wirkliches Interesse am Empfänger besteht selten. So werden wir als eine Art Business-Organizer benutzt, sind Befehlsempfänger und Erfüllungsgehilfe, zumal wenn im Verteiler noch zehn andere Personen aufgeführt sind. Trotzdem ist der Verdruss beim

Absender oft groß, wenn wir E-Mails nicht postwendend beantworten, und auch wir selbst fühlen uns mittlerweile unwohl, wenn eine E-Mail ein paar Stunden unbeantwortet in unserem Posteingang liegen bleibt. Auch das fördert unsere Bereitschaft, ganz nebenbei E-Mails zu lesen oder zu schreiben und gleichzeitig zu telefonieren oder andere Aufgaben erledigen zu wollen.

Ihre Chance, dieser Falle zu entgehen, besteht darin, eigene Spielregeln aufzustellen und Ihre Impulsivität zu begrenzen. Machen Sie es wie mit der Briefpost. Legen Sie für den Vormittag und den Nachmittag einen Termin fest, zu dem Sie in Ihren E-Mail-Briefkasten schauen. Schalten Sie den akustischen oder optischen Signalgeber für den Eingang von E-Mails aus. Gewöhnen Sie Ihren Kunden und Kollegen ab, Antworten innerhalb weniger Minuten zu erwarten, aber erläutern Sie ihnen auch, weshalb Sie das tun! Geben Sie den anderen die Möglichkeit, Ihr Handeln zu verstehen, indem Sie offen kommunizieren. Erklären Sie, dass Sie sich mit den Anforderungen und Problemstellungen des anderen in Ruhe beschäftigen und nicht einfach im Vorbeigehen auf eine E-Mail reagieren wollen. Damit zeigen Sie, wie wichtig Ihnen der Absender ist, schaffen eine emotionale Beziehung, und Ihr Gegenüber wird Ihr Handeln nicht nur akzeptieren, sondern auch verstehen.

Wenn Sie eine E-Mail-Kopie (cc) oder vielleicht sogar eine Blindkopie (bcc) erhalten haben, fragen Sie sich, ob die darin enthaltene Information für Sie wirklich wichtig ist oder ob Sie sie nur bekommen haben, weil der Absender sein Gewissen beruhigen wollte. In über 80 Prozent der Fälle ist der Versand über «cc» oder gar «bcc» nicht notwendig. Informieren Sie dann den Absender darüber und lassen Sie sich aus dem Verteiler streichen. So begrenzen Sie die auf Sie eintreffende Informationsflut und verschaffen sich Raum und Zeit.

Es ist schön, konzentriert arbeiten zu können. Beginnen Sie Ihren Arbeitsalltag deshalb möglichst ohne den obligatorischen E-Mail-Abruf. Übrigens gilt das Gleiche für andere Tätigkeiten: Auch das ständige Handyklingeln und ausgiebiges Surfen im Internet sorgen bei vielen Menschen für extremen Stress. Welcher unserer modernen «Helfer» auch immer gerade unsere Zeit raubt, für eine Veränderung gelten immer die Regeln, die wir gerade beschrieben haben. Beginnen Sie deshalb Ihren Arbeitstag nicht, indem Sie eines dieser Medien nutzen, sondern fangen Sie mit einer anderen wichtigen Aufgabe an. Sie haben es selbst in der Hand, aus dem Karussell der Gleichzeitigkeit auszusteigen.

Passen Sie Ihr Handlungsprinzip an

Bis jetzt sind Sie schon mehrere große Schritte gegangen und haben festgestellt, welche Ablenkungen Sie am stärksten betreffen. Stellen Sie sich dennoch jeden Tag und immer wieder aufs Neue die Frage, ob das, was Sie sich als Pensum vorgenommen haben, überhaupt machbar ist oder ob Sie mehr Stunden verplanen, als Ihnen überhaupt zur Verfügung stehen. Dazu ist es notwendig, dass Sie die Zeit, die Sie für einzelne Aufgaben brauchen, möglichst genau schätzen und Pufferzeiten mit einplanen. Manchmal ist es geradezu schockierend, wie unrealistisch unsere Vorstellungen sein können. Und um Zeit einzusparen, versuchen Sie …, na Sie wissen schon – Ausweg Multitasking.

Alles, was Sie sich vornehmen, sollte zeitlich und aufgrund Ihrer momentanen Fähigkeiten und der bewusst abrufbaren Ressourcen machbar sein, sowohl als Einzeltätigkeit als auch in der Summe. Dieses Handlungsprinzip ist ein wichtiger Meilenstein auf dem Weg zu einem Ziel und eines der nützlichsten Zeit- und Lebensmanagementkonzepte überhaupt. Sie sollten deshalb die berühmte Pareto-Formel, auch 80/20-Regel genannt, immer im Hinterkopf haben. Sie geht zurück auf den Volkswirtschaftler Vilfredo Pareto, der im 19. Jahrhundert lebte und die Verteilung des Volksvermögens in Italien untersuchte. Er fand heraus, dass ungefähr 20 Prozent der Familien gut 80 Prozent des gesamten Vermögens im Land besaßen. Die Reichtumsverteilung in der Bevölkerung war also mathematisch berechenbar unausgewogen. Seine weiteren Forschungen ergaben, dass nahezu alle wirtschaftlichen Aktivitäten diesem Verhältnis unterworfen sind, so bringen beispielsweise 20 Prozent der Produkte oder 20 Prozent der Kunden gut 80 Prozent des Umsatzes eines Unternehmens. Diese Gesetzmäßigkeiten sind in der Folge auch auf andere Lebensbereiche übertragen worden, und sie gelten auch für Ihre tagtäglichen Herausforderungen.

Was für eine interessante Feststellung, bedeutet sie doch, dass sich bei einer Liste von zehn Aufgaben, die wir erledigen wollen, zwei Aufgaben als mindestens so gewinnbringend erweisen wie die acht anderen zusammen. Bei der Planung Ihrer Aktivitäten sollten Sie daher dieses Prinzip immer verfolgen. Besser Sie legen Ihr Augenmerk auf die Aufgaben, mit denen sich 80 Prozent der Ergebnisse erzielen lassen, als Ihre Energie in die jeweils noch zur Perfektion fehlenden 20 Prozent zu stecken. Unglücklicherweise neigen wir Menschen aber meist dazu, die 80 Prozent der Aufgaben anzupacken, die weniger wichtig sind. Dafür lassen wir genau die 20 Prozent liegen, die uns am weitesten voranbringen.

Vielleicht ist Ihnen die Pareto-Formel hinreichend bekannt, vielleicht haben Sie auch Zweifel daran. Probieren sie es einfach aus. Sie werden bei intensiver Auseinandersetzung mit ihr entdecken, dass die 80/20-Regel auch für Ihren Arbeitsbereich gilt. Stellen Sie sich dazu immer die Frage, welche der anstehenden Aufgaben für Sie und das Unternehmen den größten Nutzen hat. Anhand welcher Kriterien Sie dies beurteilen, hängt von Ihrer Stellung im Unternehmen und Ihrem Arbeitsgebiet ab und kann nur individuell von Ihnen festgelegt werden. In der Regel jedoch ist die erfolgversprechendste Aufgabe meist die schwierigste oder komplizierteste. Widerstehen Sie daher der Versuchung, erst die kleinen Dinge in Angriff zu nehmen.

Ihre Gewohnheit wird der größte Feind sein, dem Sie auf diesem Weg begegnen, sofern Sie Ihren Alltag schon immer damit begonnen haben, einige Routineaufgaben zu erledigen und die Bedürfnisse anderer zu befriedigen (zum Beispiel E-Mails lesen und beantworten). Es ist entscheidend, hier einen Schnitt zu machen. Wenn es Ihnen gelingt, der verlockenden Einfachheit zu widerstehen und den größten Bären als Erstes zu erlegen, werden Sie sich wie ein Sieger fühlen und Ihr Pensum schaffen.

Selbstverständlich hört sich auch das einfacher an, als die Umsetzung sich letztendlich gestaltet. Aber wie bei allem im Leben besteht der schwierigste Teil darin, den ersten Schritt zu gehen. Wenn Sie erst einmal losgelegt haben, werden Sie schnell feststellen, wie motivierend es wirkt, eine große Herausforderung anzugehen, sodass Sie von selbst gern daran weiterarbeiten. Mehr noch, die Aufgabe fesselt Sie ähnlich wie ein spannendes Buch oder ein Film, und Ihr Selbstwertgefühl erhöht sich enorm.

Zu beachten ist, dass wir, um eine große Aufgabe zu erledigen, mehr Zeit brauchen als für eine kleinere. Verschaffen Sie sich deshalb einen klaren Überblick über die zeitliche Abfolge der Ereignisse. Erstellen Sie eine Liste mit allen Schlüsselaktivitäten, -projekten und -verantwortlichkeiten in Ihrem Beruf und Ihrem Leben. Beantworten Sie ehrlich, welche der Aufgaben zu den wichtigen zehn bis 20 Prozent gehören, aus denen Sie 80 bis 90 Prozent Ihrer Erfolge erzielen.

Fassen Sie den Entschluss, immer zuerst diese Aufgaben zu erledigen und sich ausreichend Zeit dafür zu nehmen. Erlauben Sie sich, dabei in Teilschritten vorzugehen. Sie werden erleben, wie erfrischend es ist, als Erstes die wichtigste Aufgabe in Angriff genommen zu haben. Vielleicht haben Sie dafür sogar weniger Zeit benötigt als gedacht. Das wird Sie überraschen, doch genau dann spüren Sie, was Konzentration und Aufmerksamkeit bewirken. Durch die Fokussierung auf diese ausgewählte Tätigkeit verschwindet fast wie von selbst die ständige Versuchung, mehrere Aufgaben gleichzeitig zu erledigen. Damit halten Sie einen der bedeutendsten Schlüsselfaktoren für Ihren Erfolg fest in der Hand.

Bringen Sie Ihre Aufgaben in die richtige Rangfolge

Trotz unserer Planungen und aller Verbesserungen im Arbeitsablauf, unvorhergesehene Ereignisse treffen uns und beeinflussen den Tag. Sofern wir unsere Zeiten vernünftig eingeschätzt und auch Pufferzeiten mit eingeplant haben, sollte dadurch erst einmal kein Problem entstehen. Gleichwohl ist es unumgänglich, eine Entscheidung zu treffen. Es stellen sich die folgenden zwei Fragen:

- Kann nur ich diese unvorhergesehene Aufgabe lösen?
- Welche Auswirkungen hat es, wenn ich die Aufgabe nicht oder nicht gleich bearbeite?

Die Antworten hierauf beeinflussen Ihre Effektivität entscheidend, nehmen Sie sich deshalb Zeit dafür. Klarheit ist jetzt die wichtigste Grundregel. Nur dann und wirklich nur dann, wenn Sie zu der Überzeugung gelangen, dass Sie allein die neu anfallende Aufgabe erledigen können und sie jetzt gleich erledigt werden sollte, weil andernfalls die Nachteile zu groß wären, legen Sie los. Fällt Ihre Antwort anders aus, notieren Sie sich die Tätigkeit, ohne weiter darüber nachzudenken, und wenden sich Ihrer ursprünglichen Tätigkeit zu. So entlasten Sie Ihr Kurzzeitgedächtnis und geben sich eventuell benötigte Verarbeitungskapazität wieder zurück.

Eine gute Entscheidung zu treffen, fällt uns umso leichter, je klarer und eindeutiger unsere Vorstellung davon ist, wohin wir wollen und was langfristig wichtig erscheint. Je intensiver wir uns unsere Ziele vor Augen geführt haben, je klarer unsere Absichten für die Zukunft sind, desto eher wird uns bewusst sein, was wir in einem kritischen Augenblick tun können und müssen. Ein Blick in die Zukunft macht es möglich zu bewerten, wie sich eine Aktivität im Hier und Jetzt auf ein langfristiges Ziel auswirken wird. Auf dieser Basis fällt die Entscheidung darüber, etwas jetzt gleich zu tun oder es zu lassen, viel leichter. Nicht immer gleich tätig zu werden, sondern vor dem Hintergrund der langfristigen Ziele bewusst zu entscheiden, etwas unmittelbar zu erledigen oder es auf später zu verschieben, erhöht die Effizienz unserer Arbeit und bewahrt uns vor dem Druck, der dazu führen würde, dass wir mehrere Aufgaben gleichzeitig lösen wollen.

Halten Sie Ihren Schreibtisch frei von Ablenkungen

Frohen Mutes beginnen Sie Ihr Tagwerk. In Ihrer detaillierten Planung haben Sie die Projekte nach Wichtigkeit geordnet. Das E-Mail-Programm bleibt geschlossen, die Mailbox ist aktiviert. Um die Aufmerksamkeit hoch zu halten, haben Sie Ihr Ziel deutlich im Visier, und der Zeitaufwand für Ihre Aufgabe ist zwar knapp kalkuliert, aber ausreichend. Es kann also losgehen.

Eine Kleinigkeit haben wir allerdings noch nicht geklärt. Wie sieht eigentlich Ihr Schreibtisch aus? Ist auch er, so wie Sie, ab sofort klar strukturiert? Ist er frei von Ablenkungen? Eine Fokussierung ist umso einfacher, je weniger Reize wir empfangen. Deshalb ist ein aufgeräumter Schreibtisch ein äußerst wichtiger Faktor, wenn es darum geht, Aufgaben zielgerichtet, schnell und gewinnbringend zu erledigen. Selbst der kleinste Anstoß von außen kann bewirken, dass wir nicht mehr aufmerksam arbeiten.

Räumen Sie also Ihren Schreibtisch ab und platzieren Sie nur die wichtigste Aufgabe vor sich. Legen Sie alles, was Sie vermutlich benötigen, griffbereit hin. Besorgen Sie sich auch alles andere, zum Beispiel die nötigen Unterlagen und Dateien, damit Sie bis zum Schluss ablenkungsfrei dranbleiben können. Betrachten Sie Ihren Schreibtisch unbedingt als Arbeitsplatz und nicht als dauerhafte Ablage. Jeder Notizzettel, jeder Brief, der in Ihren Blick fällt, löst automatisch Reaktionen aus, und die Versuchung, das eine oder andere doch noch schnell nebenbei zu erledigen, wird groß.

Durch die vermeintlich kleinen Dinge lässt sich oft große Wirkung erzielen. Ein aufgeräumter Schreibtisch gehört mit Sicherheit dazu. Alles, was Sie vor sich sehen, wird auch von Ihrem Unterbewusstsein wahrgenommen. Versuchen Sie deshalb schon rein äußerlich, möglichen Ablenkungen entgegenzuwirken. Das stärkt die Konzentration und Aufmerksamkeit auf die Sache und schützt Sie vor möglichen Multitaskingausflügen, die wertvolle Zeit kosten.

Überwinden Sie Ihre persönlichen Zeitfresser

Nun haben wir alles Nötige getan, um einen hilfreichen äußeren Rahmen zu gestalten. Doch tückischer als die Ablenkungen von außen sind die, die wir uns selbst bereiten. Auch unser Gehirn betreibt oft Multitasking, ohne dass wir es wollen. Plötzlich fällt uns etwas ein – «Ich wollte ja noch die Überweisung tätigen!», «Benötige ich nicht noch eine Auskunft von Herrn Schmidt?», «Wie wäre es denn erst mal mit einer Tasse Kaffee?» oder «Wie stehen eigentlich meine Aktien?» und, und, und. Bei einer Sache zu bleiben ist ein fortwährender Kampf. Dabei handelt unser Gehirn in jedem Augenblick neu aus, worauf sich unsere Aufmerksamkeit richtet.

Gegen einen verlockenden oder auch bedrohlichen Einfall hat unser ursprünglicher Plan einen äußerst schweren Stand. Damit wir überhaupt bei strahlendem Sonnenschein unsere Arbeit erledigen und nicht aufspringen, um doch lieber zum

Badesee zu fahren, bedarf es schon einer erstaunlichen Leistung unseres Verstands. Der hierfür verantwortliche Teil unseres Gehirns ist allerdings am störanfälligsten und derjenige, der sich am spätesten entwickelt. Das ist vor allem auch der Grund, warum Kleinkinder meist ihren Impulsen folgen. Erst gegen Ende der Pubertät haben wir gelernt, zugunsten einer größeren Belohnung zu einem späteren Zeitpunkt auf die schnelle Befriedigung unserer Bedürfnisse zu verzichten. Die dafür zuständigen Regionen des Gehirns sind erst dann vollständig ausgereift.

Der wichtigste Botenstoff, der dabei hilft, die Aufmerksamkeit zu fokussieren und das Gedächtnis aufnahmefähiger zu machen, ist Dopamin. Über die Substantia nigra, einen Kernbereich im Mittelhirn, wird dieses Hormon ausgeschüttet und von dort über weite Teile des Stirnhirns verteilt. Dadurch steigt unsere Motivation, Ziele zu erreichen, Hindernisse zu überwinden und andere Absichten zurückzustellen. Tagtäglich spüren wir dieses Phänomen, wenn wir Kaffee trinken. Die Wirkung des Botenstoffs Noradrenalin im Gehirn wird durch Koffein verstärkt, was dazu führt, dass mehr Dopamin freigesetzt wird. Die Arbeit geht flotter von der Hand, wir grübeln nicht über jedes Detail nach. Nun den Rückschluss zu ziehen, erhöhter Koffeingenuss würde unsere inneren Zeiträuber eliminieren, wäre nicht günstig, denn dabei würden die negativen Begleiterscheinungen eines erhöhten Kaffeegenusses völlig ausgeblendet.

Unsere Fähigkeit, konzentriert bei einer Sache zu bleiben, lässt sich auch anders verbessern. Unterteilen Sie Ihre Aufgaben einfach in kleine Etappen, so schwindet der Schrecken vor dem großen Ganzen enorm. Je schwerer es Ihnen fällt, sich auf eine Aufgabe so lange zu konzentrieren, bis sie erledigt ist, desto kleiner sollten zunächst die Häppchen sein. Auch wenn es am Anfang nur ein paar Minuten sind, ist das in Ordnung, wenn Sie eben genau für diese Zeitspanne ohne Mühe bei der Sache bleiben können. Nach und nach werden Sie feststellen, dass diese Zeitfenster wie von selbst immer länger geöffnet bleiben. Ein solches Training der Selbstkontrolle ist der wichtigste Schritt, um nicht permanent in die eigene Falle zu tappen.

Durch das tägliche, bewusste Training gelingt es uns immer besser und über immer längere Zeiträume hinweg, konzentriert an einer Aufgabe zu arbeiten. Allmählich wird die Selbstkontrolle zur Routine und das Ganze funktioniert automatisch – so, wie ein guter Autofahrer nicht mehr darüber nachdenkt, beim Schalten die Kupplung zu treten und das Gas wegzunehmen.

Stellen Sie Ihren Führungsstil auf den Prüfstand

Was zeichnet eigentlich eine gute Führungskraft oder einen guten Teamleader aus? Die Antwort darauf ist wegen der Vielfältigkeit von Möglichkeiten schwer in Worte zu fassen und doch einfach. Gute Führung ist immer das Zusammenspiel von fachlicher Kompetenz und persönlicher Reife. Erst wenn aus der Führungskraft auch eine Führungspersönlichkeit geworden ist, kann sie erfolgreich ein Team leiten. Leider steht in unseren Breiten auch heute die Ausbildung der fachlichen Kompetenz im Vordergrund. Teilweise begegnen wir in Unternehmen noch immer den fast mittelalterlich anmutenden Vorstellungen, die Entwicklung der Persönlichkeit würde schon durch die Erfahrung im Unternehmen geschehen, ganz nach dem Motto «learning by doing».

In unseren Augen darf Führung entwickelt und begleitet werden und fängt vor allem damit an, sich selbst kennenzulernen. Wenn wir beginnen, unsere inneren Führungsmuster wahrzunehmen, dann wird es möglich, lenkend einzugreifen, Führung bewusst zu gestalten und damit Freiräume für mehr Individualität aller Teammitglieder zu schaffen. Um dies plakativ darstellen zu können, haben wir drei unterschiedliche Führungstypen entwickelt. Sie werden sich vielleicht in einem davon wiederfinden, vielleicht sind Sie auch eine «Mischung». Finden Sie heraus, was auf Sie zutrifft, lesen Sie, wie andere mit solch einer Persönlichkeit umgehen und was sie dabei empfinden, und legen Sie für sich fest, was Sie im Detail ändern können oder wollen.

Der «Hoch-motiviert»-Typ

Kennen Sie jemanden, auf den folgende Beschreibung zutreffen könnte? Bei einer Verhandlung stellt diese Führungskraft oft viele Fragen hintereinander, ohne die Antworten abzuwarten. Sie gibt ständig unaufgefordert Ratschläge. Am liebsten antwortet sie mit «Ja-aber-Sätzen». Wenn dem so ist, könnte es sich um einen «Hoch-motiviert-Boss» handeln. Begeistert von der Sache lassen sich diese Vorgesetzten oft durch ihr Engagement forttragen, doch vieles geht über ihre Kräfte. Sie strampeln und bemühen sich, verzetteln sich und erreichen dadurch eventuell nur mit Mühe einen erfolgreichen Abschluss. Ihre Überzeugung ist, dass Leistung an der Anstrengung gemessen wird und nur in zweiter Linie an den Ergebnissen. Häufig klagen solche Führungspersonen über zu viel Arbeit, und sie sind ständig sehr beschäftigt. Sie reißen viele Anforderungen an sich und gestalten anstehende Aufgaben, obwohl sie das gar nicht wollen, unnötig kompliziert. Da ihnen das zielgerichtete Bearbeiten einer Sache schwerfällt, neigen sie dazu, noch allerhand nebenbei zu erledigen. So türmen sich viele Akten auf ihrem Schreibtisch, und unbewusst gestalten sie ihre Arbeit meist so, dass immer noch etwas zu tun bleibt.

Oftmals führt die Angst, Fehler zu machen, zu langen Entscheidungsprozessen. Doch das Durchhaltevermögen, der Sinn für Gründlichkeit und Ausdauer gleichen diesen Mangel wieder aus. Trotz seines Engagements, der «Hoch-motiviert-Boss» wirkt oft lähmend auf seine Mitarbeiter. Die Teams unter seiner Führung sind von überdimensionaler Belastung und Schwere gekennzeichnet. Da ihr Chef mit einfachen Lösungen meist nicht zufrieden ist und die Mühe in seinen Augen mehr zählt als die Ergebnisse, befinden sich alle Teammitglieder, wenn auch unbewusst, ununterbrochen in Aktivität – der Hamster lässt grüßen.

Der Druck, mehrere Aufgaben gleichzeitig zu erledigen, wird durch das Verhalten eines solchen Teamleaders natürlich noch gefördert. Trotz aller Anstrengungen haben die Teammitglieder im überwiegenden Fall keine Chance, der Multitaskingfalle zu entfliehen, sondern bleiben immer öfter darin stecken. Wir aber wissen ja schon, welches Handwerkszeug dabei hilft, die ganz persönlichen Fallen aufzubrechen. Setzen Sie gemeinsam mit Ihrem Team klare Prioritäten. Entscheiden Sie zusammen, was wirklich wichtig ist. Das fällt leicht, wenn die persönlichen Ziele und auch die Ziele des Unternehmens oder der Abteilung klar formuliert sind. Die richtige Zielsetzung ist ein klassischer Erfolgsschlüssel für das Selbstmanagement. Konkrete Ziele schützen aber auch davor, dass sich Selbstläufer entwickeln oder ein Rückfall passieren kann. Hierbei ist es allerdings wichtig, alle Ziele, auch die der Teammitglieder, zu berücksichtigen und gemeinsam Wege zu finden, damit eine Gewinnsituation für jeden entsteht. Die Ziele sollten immer schriftlich festgehalten werden. Denn durch klare, gemeinsam erarbeitete und schriftlich fixierte Ziele entwickelt sich eine enorme positive Dynamik.

Je präziser die Zielvorstellungen ausgearbeitet werden, umso erfolgreicher gestaltet sich die Gesamtarbeit. Wir dürfen dabei durchaus nach der Salamitaktik vorgehen und die Vision scheibchenweise in die Realität umsetzen. So gestalten wir für uns und für andere nicht nur kurzfristig motivierende Erfolgserlebnisse, sondern alle werden mit einem andauernden Gefühl innerer Ausgeglichenheit belohnt. Wenn es gelingt, den Schwerpunkt auf das gemeinsame Ziel zu setzen und loszulassen, weil klar ist, wohin wir gemeinsam wollen, ist ein wichtiger Schritt getan. Denn dann können wir endlich aufhören, permanent den Weg anderer zu begleiten, ihr Tun zu kontrollieren und zu korrigieren. So schaffen wir Freiräume für die Teammitglieder. Wir nehmen ihnen den Druck durch ständige Überforderung und befreien sie von dem Diktat, alles immer sofort erledigen zu müssen. Der Einzelne lernt zu agieren, statt zu reagieren, weil er nicht ständig darauf achten muss, was andere gerade wollen. Die Anforderung Multitasking erledigt sich damit von selbst.

Der «Hektik-und-Stress»-Typ

Kennen Sie Menschen, die Fragen beantworten, bevor sie überhaupt gestellt werden? Personen, die ungeduldig werden, wenn andere lange oder unnötig ausführlich reden? Die ständig gehetzt wirken, immer schnell sprechen und ständig ihre Körperhaltung ändern? Oft halten sie auch keinen Blickkontakt, ihre Augen sind immer in Bewegung.

Der «Hektik-und-Stress-Manager» steht ständig unter Strom und ist in seiner Art manchmal unersättlich. Ungeduldig und immer in Aktion scheint es, als würde er dem Leben hinterherlaufen. Innerlich hat er sich meist schon der nächsten oder übernächsten Aufgabe zugewandt, ohne die anstehende vollständig abgeschlossen zu haben. Zeitphasen, die nicht verplant und ausgefüllt sind, gibt es in seiner Welt nicht, denn wenn es sie gäbe, wäre das Gefühl von Leere nicht weit.

«Hektik-und-Stress-Manager» wünschen sich nichts sehnlicher, als das Leben in all seiner Fülle und seinem Reichtum zu erfahren. Dabei merken sie nur selten, dass sie sich durch die Hast, mit der sie das erreichen wollen, immer weiter von ihrem Ziel entfernen. Sie wollen unbedingt vermeiden, dass Zeit nach ihrem Verständnis ungenutzt vergeht, verwechseln dabei aber Qualität mit Quantität. Sie sind ständig in Bereitschaft und verlangen das natürlich auch von anderen – von den Teammitgliedern.

Der Versuch, im Augenblick zu leben, scheitert, weil die Gedanken schon weitergezogen sind. Genau diese Einstellung überträgt sich sukzessive auf alle, die permanent mir ihr konfrontiert sind. Bald ziehen nicht nur am «Hektik-und-Stress-Manager» die Minuten vorüber, als wären sie nichts, sondern auch für die Teammitglieder verrennt die Zeit, ohne dass bedeutsame Eindrücke entstehen.

Hektiker springen von Anspannung zu Anspannung und ziehen alle anderen mit in diese Schleife. Es fällt schwer, einer derart unruhigen Führungskraft zu folgen, aber auch seinen eigenen Rhythmus unter diesen Bedingungen beizubehalten. Die einzige Chance, das zu erreichen, scheint darin zu bestehen, sich dem Chef anzupassen. Die Mitarbeiter fühlen sich verpflichtet, schnelle und präzise Ergebnisse zu liefern.

«Wenn der Chef scheinbar mehrere Dinge auf einmal erledigen kann, darf das auch für mich kein Problem sein. Sonst werde ich vor ihm nicht bestehen können», denken viele, die solche Vorgesetzten haben. Denn deren Verhalten behindert die Arbeit und lässt keinen Raum für Vielfältigkeit und Kreativität. Die Teammitglieder zwingt das zu einer Arbeitsweise, die sie eventuell so nicht gewählt hätten.

Es ist wichtig, dass die «Entschleunigung der Zeit» vorgelebt wird. Nehmen Sie sich Zeit – gerade als Führungskraft, so lautet das Motto, das wir Ihnen mit auf den Weg geben möchten. Nehmen Sie sich Zeit für die Belange der Mitarbeiter und Teammitglieder. Für Gespräche, für Erklärungen und für Wünsche sowie für persönlichen Austausch über die rein geschäftliche Ebene hinweg. Das Gefühl, wahrgenommen und geschätzt zu werden, gibt Menschen eine unglaubliche Kraft und fördert ihren Ideenreichtum. Interesse an der eigenen Person und der eigenen Situation setzt enorme emotionale Kräfte frei. Wer geduldig einem anderen bis zum Schluss zuhört, schenkt Aufmerksamkeit und zeigt Respekt. Bemühen Sie sich darum. Vielleicht gestaltet sich das Ganze zu Anfang etwas holprig oder künstlich, doch Sie werden merken, dass das Gefühl, Zeit zu verlieren, die man nicht hat, aufhört und bei Ihnen und im Team Ruhe einkehrt. Bleiben Sie daher gelassen. Erinnern Sie sich daran, wie wichtig und wie schön es ist, ernst genommen und als Mensch mit allen Facetten wahrgenommen zu werden. Der Gewinn ist ein extrem hohes Leistungsniveau, auch wenn die Komplexität einer Situation einmal sehr ausgeprägt sein sollte.

Im gesamten Team verbessert sich die Leistung, weil jeder Einzelne sich motiviert fühlt. Die Konzentration auf die Sache erhöht sich, denn plötzlich rückt der gemeinsame Erfolg in den Mittelpunkt, Beziehungen sind entstanden. Jeder Einzelne entscheidet klar und deutlich in der jeweiligen Situation für sich, ob und wann er sich beeilt und wann nicht. Das schafft viel Raum für Kreativität und erhöht schlagartig die Erfolgsquote und die Nachhaltigkeit der Lösungen. Derartig strukturierte Teams oder Firmen erreichen oft mühelos ihre Ziele. Kein Wunder, denn die Mitarbeiter haben Kraft für einen Sprint, wenn der notwendig wird, weil sie nicht permanent unter Hochspannung stehen. Sie haben aber auch die Muße, im normalen Tagesgeschehen angemessen aktiv zu sein, ohne in Hektik zu geraten, was der Effektivität und Produktivität sicherlich keinen Abbruch tut.

Der «Chamäleon»-Typ

Dieser Typ ist der dritte im Bunde. Scheinbar immer gutgelaunt, gewährt er vermeintlich viele Freiräume und schafft somit in seinen Augen Raum für Kreativität. Er steht gerne im Mittelpunkt, genießt es, bewundert zu werden, und hat immer einen lockeren Spruch auf Lager. Alles geschieht mit Leichtigkeit, Lösungen sind nur eine Frage der Zeit. Ein Entertainer, wie er im Buche steht. Leider teilt dieser Vorgesetzte seinem Team, wenn überhaupt, nur spärlich mit, was er braucht und wann welche Informationen wo zur Verfügung stehen sollen. Die Aufgabenverteilung und die Verantwortlichkeiten im Team sind meist unklar, das gilt auch in Bezug auf ihn selbst und die Mitarbeiter. Arbeitsanweisungen formuliert er meist äußerst diffus. Hektik entsteht dann, wenn plötzlich ein Ergebnis präsentiert werden soll. Unser «Chamäleon-Boss» ist ungehalten, sofern dies nicht oder nicht zu 100 Prozent funktioniert, und stellt die Kreativität seiner Mitarbeiter infrage. Über seine eigenen Unzulänglichkeiten nachzudenken, fällt ihm nicht ein.

Unter einer solchen Führung ist das Team gezwungen, sich selbst zu organisieren. Das führt zu einem ständigen regen Informationsaustausch zwischen allen Mitarbeitern, bei dem es sowohl um die Aufgaben jedes Einzelnen als auch um die eigene Befindlichkeit geht. Damit ist das Chaos vorprogrammiert, denn jeder teilt jedem mit, was er für wichtig hält, und was andere dazu meinen und für entscheidend halten. Da wenig Klarheit über die gemeinschaftlichen Ziele besteht und «von oben» kaum Prioritäten vorgegeben werden, gehen die Teammitglieder dazu über, die wenigen Hinweise frei zu interpretieren. Jedes noch so kleine Detail, jeder Tratsch, jede Spekulation könnte wichtig sein. Die Mitarbeiter sind immer im Gespräch und mit gespitzten Ohren unterwegs. Eine riesige Menge von Informationen wird durch alle gängigen Kanäle transportiert und von allen aufgenommen. Wer seine Zukunft zuverlässig planen will, darf nichts verpassen.

Unter diesen Umständen ist konzentriertes, auf eine Sache bezogenes Arbeiten nahezu unmöglich. Denn die Angst, eine Nachricht zu verpassen und deshalb Wesentliches unbeachtet zu lassen, stresst immens. Und diese Angst ist durchaus begründet. Im Denken des «Chamäleon-Chefs» kommt der Begriff «Fehler» nicht vor. Und wenn doch einmal etwas danebengeht, sind immer die anderen schuld. Außerdem hängt er seine Fahne nach dem Wind. Wie ein Entertainer agiert er, dem nichts Schlimmeres passieren kann, als einen schlechten Auftritt hinzulegen und die Bühne verlassen zu müssen.

Doch die Eigenheiten eines «Chamäleon-Chefs» beinhalten auch viele Möglichkeiten. Nach außen wirkt das gesamte Team durch seine grandiose Ausstrahlung mitreißend, erfolgshungrig und wie eine Einheit. Im Fahrwasser unseres Entertainers bläst den einzelnen Teammitgliedern der Wind nicht ganz so stark ins Gesicht. Die gegenseitige Unterstützung in der Gruppe bewegt sich auf hohem Niveau, interne Machtkämpfe kommen selten vor und Harmonie ist ein großer Wert. Sofern es gelingt, den Informationsbedarf exakt zu klären und eine feste Struktur zu implementieren, die jeder nachvollziehen kann, erhöht sich die Leistung innerhalb des Teams um ein Vielfaches. Wer eine solche Klärung schafft, kommt in den Genuss von zwei Vorteilen: Zum einen wird die Informationsbeschaffung erleichtert. Wer genau weiß, welche Daten und Fakten er benötigt, kann herausfinden, woher er sie bekommt oder wer sie ihm geben kann. Zum anderen kann der Betreffende gezielt nach bestimmten Informationen suchen. Das spart viel Zeit und erhöht seine Konzentration, bei der Sache zu bleiben, da er nicht ständig auf der Hut sein muss, etwas zu verpassen.

Geben Sie Ihren Mitarbeitern Raum, ihren eigenen Stil zu entwickeln, aber geben Sie ihnen auch eine Orientierung. Als «Chamäleon-Boss» verfügen Sie über die einzigartige Gabe, auch noch so kleine Erfolge eindrucksvoll ins rechte Licht zu setzen und andere zu begeistern. Nehmen Sie Ihr Team einfach mit. Wie ein Schutzschild können Sie sich vor Ihre Mitarbeiter stellen, und Sie werden sehen, dass alle Sie unterstützen. Stellen Sie eindeutige Regeln auf und werden Sie sensibler gegenüber den Gefühlen anderer. Die Gleichzeitigkeitsfalle schnappt nicht zu, wenn Sie die anvisierten Ziele auf anschauliche Weise vermitteln und allen vor Augen führen, welche Vorteile damit verbunden sind. Je besser es Ihnen gelingt, die eigenen Interessen mit denen Ihres Teams zu verknüpfen, desto stärker wird die Gemeinsamkeit. Alle werden tatkräftig an der Realisierung der Vorhaben mitarbeiten, während der ständige Austausch und die Angst der Mitarbeiter, etwas Wichtiges zu verpassen, nachlassen.

Etablieren Sie Regeln für die Kommunikation

Deutlich haben wir darauf hingewiesen, dass wir in einem schier endlosen Informationsüberfluss leben, und im gleichen Augenblick müssen wir einräumen, dass die Qualität der Inhalte, die wir dringend brauchen, mangelhaft ist. Auch hochmotivierte und zeitlich gut strukturierte Mitarbeiter sind beständig auf einen umfassenden Austausch angewiesen. Das ist wichtig, denn häufig passiert es, dass Mitarbeiter den Mangel an guten, ausführlichen Informationen, die zur effektiven Lösung anstehender Aufgaben erforderlich sind, gar nicht bemerken, weil sie viele Anforderungen gleichzeitig zu erfüllen haben. Für Abhilfe sorgt ein gut funktionierendes internes Informations- und Kommunikationssystem. Es versorgt die Mitarbeiter mit allen Daten, Fakten und Inhalten, bewahrt vor Informationsüberflutung und schafft somit die Voraussetzung für konzentriertes und zielgerichtetes Arbeiten. Grundsätzlich lassen sich dabei zwei Formen der Kommunikation unterscheiden.

Der informelle Informationsfluss

Diese Form der Kommunikation ist zwar ungeregelt, für den Informationsfluss und die Motivation im Unternehmen aber von immenser Bedeutung. Mitarbeiter treffen sich zum Beispiel in der Teeküche, im Kopierraum, im Treppenhaus, auf Fluren und tauschen sich aus. Das ist ein extrem wichtiger Bestandteil der internen Kommunikation. Natürlich ist die Gefahr groß, dass Informationen falsch weitergegeben werden, dem können die Führungskräfte jedoch mit viel Transparenz und Einbindung der Mitarbeiter entgegenwirken.

Das Besondere ist, dass die informellen Informationen weitestgehend mündlich und unmittelbar ausgetauscht werden. Nur dadurch sind Mimik und Gestik sichtbar, körpersprachliche Signale werden gesendet und empfangen. Darüber hinaus besteht die Möglichkeit, sofort nachzufragen, wodurch sich Missverständnisse vermeiden lassen. Ein offener Umgang miteinander vermindert die Gefahr, dass wilde Gerüchte verbreitet werden und Ängste entstehen. Aber auch das geht nur, wenn die Führungskräfte als Vorbild agieren: «You go first!» Informelle Kommunikation per E-Mail sollte für jede Führungskraft ein Tabu sein, denn nur bei einem persönlichen Kontakt zeigen sich Gemeinsamkeiten. Außerdem ist es in einem direkten Gespräch leichter, über Verantwortungsbereiche und Aufgabenstellungen zu sprechen, da sich Rückfragen sofort klären lassen.

Der formelle, aufgabenbezogene Austausch

Demgegenüber umfasst die formale Kommunikation den aufgabenbezogenen Informationsaustausch. Hier lohnt es sich, genau festzulegen, auf welchen Wegen Informationen weitergegeben werden. Der Informationsaustausch geschieht sowohl horizontal von «oben nach unten» oder «unter nach oben» als auch vertikal zwischen den Mitarbeitern. Für alle gelten bestimmte Spielregeln. Das bedeutet, die verantwortlichen Führungskräfte legen eindeutig fest, wer wem welche Informationen in welcher Qualität und Intensität übermittelt. Ziel ist es, Informationen zum richtigen Zeitpunkt an die richtigen Mitarbeiter zu bringen.

Eine klare Struktur vermeidet eine übermäßige Informationsflut, die sich durch den willkürlichen «cc»- oder «bcc»-Versand von E-Mails ergibt, und sorgt dafür, dass die Flut von Aktennotizen und Umlaufmappen verschwindet. Gerade die Führungsriege, im Grunde aber jeder Mitarbeiter sollte bei der Weitergabe darauf achten, nicht wahllos Informationen zu verteilen. Wir sind meistens nicht nur «Opfer», sondern auch «Täter». Da jeder zu bearbeitende Informationen auch erst einmal für sich sortiert, dürfen wir uns stets fragen, in welcher Qualität und in welchem Umfang wir wiederum Informationen weitergeben. Es geht schließlich darum, wer sie wirklich braucht, um die anstehenden Aufgaben zu lösen. Genau diejenigen, und nur diejenigen sollten die Informationen dann auch erhalten.

Als Grundlage hierzu kommt eine Bedarfsanalyse infrage, aus der hervorgeht, welche Mitarbeiter welche Information in welchem Umfang wann benötigen. Sobald diese Fragen unternehmens- und abteilungsintern eindeutig geklärt sind, erhält jeder Mitarbeiter im Unternehmen das Wissen zum richtigen Zeitpunkt, das er tatsächlich benötigt. Dies schützt alle Beteiligten vor einer großen und ineffektiven Wortflut und senkt deshalb die Gefahr, dass sowohl Versender als auch

Empfänger unter Druck geraten und Aufgaben gleichzeitig erledigen wollen. So wird aufmerksames und konzentriertes Arbeiten möglich. Sind die Strukturen und Informationsflüsse eindeutig geregelt, können Mitarbeiter, denen bestimmte Inhalte fehlen, diese bei genau der richtigen Stelle anfordern.

In der Kommunikation sollte aber nicht nur das Wer, sondern auch das Wie eindeutig definiert und festgelegt werden. Der persönliche und der telefonische Austausch zum Beispiel fördern die Beziehungen und das Miteinander. Sofern der Austausch elektronisch erfolgt, ist ein Vermerk, was mit der Information zu geschehen hat, eine gute Möglichkeit, für Transparenz zu sorgen. Der Vermerk «nach Kenntnisnahme vernichten» beispielsweise erleichtert es dem Empfänger, ein E-Mail zu entsorgen, der Hinweis «nach Bearbeitung bitte weiterleiten an» vermittelt noch einmal, wie die Informationskette verläuft. Der nächste Empfänger erhält erst die bearbeitete und somit für ihn relevante Information und nicht vorab schon mal mehrere Nachrichten in Kopie, mit denen er sowieso nichts anfangen kann. Wichtig ist auch, die Informationswege in einem Unternehmen an veränderte Bedingungen und aktuelle Anforderungen anzupassen.

Installieren Sie deshalb regelmäßig wiederkehrende, etwa monatlich oder vierteljährlich stattfindende Meetings zum Thema Informationsaustausch, das spart mehr Zeit, als es kostet. Durch solche Treffen reduziert sich die Informationsflut drastisch, da alle Beteiligten an einer Stelle sitzen und sich direkt austauschen und gemeinsam Beschlüsse fassen können. Damit entsteht wiederum mehr Raum für alle, um jeden Tag konzentriert eine Aufgabe nach der anderen abzuarbeiten.

Zeigen Sie Persönlichkeit und fördern Sie Individualität

Als Führungskraft erwarten wir häufig, ob nun bewusst oder unbewusst, dass an einem Tag genau das Pensum erledigt wird, das wir geplant haben. Doch entscheidend ist weniger die Frage wann, sondern vielmehr wie und weshalb etwas erledigt werden soll. Teilweise spannen wir andere vor unseren Karren, und wenn unerwartet Probleme auftauchen, reagieren wir mit Ärger. Wenn jemand unvorhergesehene Kritik äußert oder Fragen stellt, regen wir uns innerlich auf. Wir degradieren andere damit manchmal zu «Erledigungsmaschinen» und, wenn nicht alles reibungslos funktioniert, zu «Störfaktoren». Nur ein Wechsel unserer Sichtweise wird uns aus dieser Falle befreien.

Viele Führungskräfte glauben, dass Respekt – wenn überhaupt – am Arbeitsplatz genügen müsse. Für sie gehören Wertschätzung, Fürsorge und Anteilnahme unter keinen Umständen hierher. Doch genau das muss aus unserer Sicht in einem gesunden Unternehmen seinen Platz haben. Führungskräfte verzichten vielleicht auf Anteilnahme, Wertschätzung und Fürsorgepflicht, doch Führungspersönlichkeiten übernehmen Verantwortung und sorgen für ihre Mitarbeiter! Sie sind achtsam im Umgang mit ihnen und fördern deren Wohlergehen und Entwicklung. Offen und deutlich zeigen gute Vorgesetzte ihre Werte und sind tolerant anderen gegenüber. So schaffen sie Leichtigkeit und bauen Beziehungen auf. Das bietet auch besten Schutz vor Mobbing jeder Art. Eine Identifikation mit dem Unternehmen fällt jedem Mitarbeiter dann leicht, Vertrauen auf beiden Seiten entsteht.

Doch wie schaffen wir es, andere zu achten, Toleranz zu zeigen und sogar den Mut aufzubringen, unseren Mitarbeitern gegenüber offen zu sein? Ausschlaggebend ist hier die eigene Zufriedenheit. Wenn wir mit uns selbst im Reinen sind, mehr noch, unsere Schwächen und Stärken deutlich kennen und zu ihnen stehen, fällt es leicht, auch dem Unbequemsten im Team etwas Positives abzugewinnen und ihn mit auf den Weg zu nehmen. Betrachten Sie Ihre Mitarbeiter nicht als Nummern oder «Arbeitstiere», sondern als Personen, die Sie schätzen und anerkennen. Schließlich will jeder Mensch, dass sein Tun wertgeschätzt wird, sodass er sich über seine eigenen Erfolge freuen kann.

Wenn wir mit diesen Werten führen, entfernen wir uns ganz automatisch von Vorgaben wie «sofort» oder «jetzt gleich» und ermöglichen den Teammitgliedern eine freiere Zeitplanung. Das heißt nicht, dass wir ein Laisser-faire einführen, und auch die Termine für Abgaben und Entscheidungen verlieren ihre Bedeutung nicht. Wir stärken lediglich das Zugehörigkeitsgefühl und erhöhen die Verantwortung jedes Einzelnen im Team. So entsteht ein Zusammenhalt, in dem Mitarbeiter gerne das Versprechen abgeben, gemeinsam mit uns Ziele erreichen zu wollen. Die Teammitglieder verspüren Zuversicht und fühlen den unbedingten Willen, ihren Beitrag zum Gelingen des Ganzen zu leisten.

Das Gefühl, ein Netz zu haben, das nicht reißt, sondern trägt, auch wenn wir einmal fallen, gibt jedem einzelnen Mitarbeiter Mut, auch einmal neue Wege zu beschreiten und ungewöhnliche Entscheidungen zu treffen. Die Endlosschleife der reinen Reaktionen auf Anforderungen von außen wird unterbrochen, stattdessen wird zielstrebiges Agieren möglich. Genau hierdurch entlassen wir unsere Mitarbeiter aus dem Zwang der Gleichzeitigkeit. Wir gewähren ihnen Entscheidungsfreiheit und geben ihnen dadurch die Aufgabe zurück, selbst zu bestimmen, wie sie mit ihrer Zeit umgehen. Wir schaffen Motivation, wenn der Einzelne wertgeschätzt und mit all seinen Stärken und Schwächen, die ihn so einzigartig, faszinierend und unverwechselbar machen, angenommen wird. Und auf diese Weise entsteht ein leistungsfähiges und wertvolles Team.

V.
Am Ziel – das Ende der Reise

Bernd flucht leise vor sich hin. Selbst am Sonntag ist er schon früh auf den Beinen. Sein Tagesplan ist vollgestopft mit Aufgaben, und schon jetzt hat er das Gefühl, dass er am Ende wieder einmal nicht alles geschafft haben wird. Er ist verärgert, möchte eigentlich dringend einmal wieder Zeit mit seiner Frau verbringen, doch die will gar nicht erst mit ihm reden. Anscheinend hat er etwas Wichtiges vergessen. Was das ist, weiß er natürlich nicht. Nun buddelt Bernd in seinem Garten, die geplante Bewässerungsanlage soll ihm die Gartenarbeit erleichtern. Nebenan kommt sein Nachbar Tom aus dem Haus. Bernd nimmt allerdings nichts um sich herum wahr, auch nicht, wie seine Umgebung sich in den letzten Wochen verändert hat.

Es ist Herbst geworden. Das Rascheln der bunten Blätter, die leuchtenden Farben des Laubes, der spezielle Geruch und das besondere Licht, das feuchte Gras und die nach Süden aufbrechenden Vogelschwärme am blauen Himmel. Tom genießt diese Zeit, nimmt alles in sich auf. Wie eine kaum wahrnehmbare Berührung spürt er den leichten, sanften Wind und die angenehme Wärme der Herbstsonne auf seinem Gesicht. Sein Hund läuft neben ihm her, er hört das leise, metallische und gleichmäßige Klimpern des Halsbands. Lässig, die lange Nase auf dem Boden läuft der elegante Vierbeiner neben ihm her, aufmerksam seinem Herrchen gegenüber und doch in einer ganz eigenen Welt. Tom, stolzer Hundebesitzer, atmet tief durch. So viel Ruhe und Leichtigkeit ist für ihn echter Luxus. In der Arbeit morgen stehen wichtige Entscheidungen auf seinem Tagesplan, sie werden ihn fordern. Aber eben erst morgen, nicht heute. Heute ist Sonntag, er hat Zeit für seine Familie, den Hund und sich selbst.

Toms Gedanken wandern zurück zu einer Zeit, in der er ohne all diese Sinneseindrücke und mit deutlich weniger Freizeit ausgekommen ist. Termine, Pläne und Telefonate bestimmten damals seinen Alltag, oft fühlte sich der Projektmanager erschöpft und niedergeschlagen. Irgendwie war alles dunkel und trist, die Woche begann so, wie sie aufhörte, der Alltag raubte ihm viel Kraft und Energie. Und nun? Sein Arbeitsplatz und die Kollegen um ihn herum sind die gleichen. Auch seine Aufgaben haben sich kaum verändert. Doch heute folgt Tom seinem ganz eigenen Rhythmus, seinem eigenen Gefühl von Zeit.

Ein tiefes Brummen reißt Tom aus seinen Gedanken, und er blickt auf. Ein alter, roter Porsche kommt langsam um die Ecke und nähert sich dem Zebrastreifen, den Herr und Hund gerade erreicht haben. Die Lackierung des Sportwagens ist tadellos in Schuss, das Rot blitzt in der Sonne. Überraschend angenehm hört sich für Tom das tiefe Brabbeln des Motors an, zumal der Besitzer nicht dadurch auf sein Schmuckstück aufmerksam machen muss, dass er immer wieder auf das Gaspedal tritt. Neugierig schaut Tom in den Wagen, und für einen kurzen Augenblick schauen sich zwei fremde Menschen offen an. Der Porschefahrer nickt Tom mit einem entspannten Lächeln zu. «Auch so einer wie wir, komm Jack», murmelt Tom, bevor er den Zebrastreifen überquert.

Wieder springen seine Gedanken in die Vergangenheit. Es ist verrückt. Erst als es ihm richtig schlecht ging, fand er den

Mut, die Notbremse zu ziehen. Aber auch wirklich erst dann. Er stand kurz vor einem Burn-out-Syndrom, als er sich beurlauben ließ. Während seiner Auszeit hat er dann diesen damals noch kleinen Hund gefunden, der dringend Hilfe brauchte. Nur vorübergehend wollte er dem kleinen Kerl helfen, lieber keine Verpflichtungen eingehen. Schließlich hatte er genug um die Ohren. Ein zusätzlicher Klotz am Bein war gerade das, was er nicht brauchte. Ein paar Tage nur, dann ließ sich der Manager fallen und kümmerte sich liebevoll um den jungen Hund. Diese neuartige Erfahrung zeigte ihm, dass er, ohne darüber lange nachzudenken, Verantwortung übernommen hatte. In diesen wenigen Tagen war, kaum merklich, etwas anders geworden. Es konnte keine Rede von einem großen Aha-Erlebnis sein, nein, aber es war eine Veränderung eingetreten, die sein Denken und Fühlen beeinflusste. Der Weg zurück in sein altes Leben schien unmöglich, aber auch unnötig. Durch diese kleine, lächerlich anmutende Unterbrechung des Alltags waren Toms eigene Werte an die Oberfläche gelangt. Sie zu ignorieren war unmöglich, er konnte und wollte auch nicht mehr zurück. Wie ein Gefängnis empfand er nun sein bisheriges Arbeitsleben.

Zurück am Arbeitsplatz konnte Tom sehen, dass die anderen noch immer gefangen waren und auf Anforderungen, Wünsche und Probleme nur reagierten. Doch in ihm hatte sich etwas verändert. Es erfüllte ihn schlicht nicht mehr, immer schneller, immer höher zu springen und dabei gleichzeitig noch zu lächeln. Tom hatte seinen eigenen Wert wiederentdeckt und angefangen, sich auf sich selbst zu verlassen. Er agierte und nahm die Zügel in die Hand. Nach außen hin wirkte er gelassener, ruhiger, dabei wusste er nur ganz genau, was er wollte – und was nicht.

Seine Leistung stieg, obwohl er aus dem Hamsterrad ausgestiegen war. Seine Ergebnisse in der Arbeit wurden besser, weil er Probleme intensiv analysierte, wenn er es für nötig hielt, aber auch Entscheidungen traf, wenn sein Gefühl ihm grünes Licht dafür gab. Das neue Gefühl übertrug sich auch auf sein Team. Unglaublich, wie viel Kreativität sich entwickelte, als es Freiräume gab. So viel Kraft wurde freigesetzt, als Informationen nicht mehr wahllos gestreut, sondern zielgerichtet nur an die jeweils betroffenen Mitarbeiter weitergeleitet wurden.

Wieder unterbricht etwas seine Gedanken. Kurz vor seiner Haustür trifft er auf Bernd, seinen netten, immer fleißigen und engagierten Nachbarn, der gerade etwas bastelt. Voller Stolz sagt der zu Tom: «Sieh nur, ich hab eine elektronische Bewässerung installiert. Jetzt brauche ich nicht einmal mehr eine Minute, um den Garten zu gießen. Was sagst du?» Tom sieht ihn neugierig an: «Toll, was machst du nun mit der gewonnenen Zeit?» Bernd blickt ihn verständnislos an: «Was meinst du damit? Welche gewonnene Zeit? Hätte ich je zu viel Zeit gehabt, bräuchte ich so was doch nicht. Ich kann mir keine langen Spaziergänge leisten, so wie du, du scheinst ja nur noch frei zu haben!» Tom sieht Bernd ruhig an: «Schade, du hättest es verdient.»

Die letzten Schritte mit Jack, dann steckt er den Schlüssel ins Schloss und sperrt auf. Er liebt dieses leise Knacken, nun ist er zu Hause, ein schönes Gefühl. Er denkt noch einmal kurz an seine Arbeit. «Das wird spannend morgen, Jack, ich werde eine gute Lösung finden, was meinst du?» Tom tätschelt den Kopf des Hundes und geht zu seiner Frau ins Esszimmer. Es riecht nach Kaffee. Ein letzter Gedankenschnipsel huscht durch seinen Kopf: «Das ist mein Leben, es ist echt, es ist schön und intensiv – und meins, nicht das der anderen.» Sein Blick fällt auf das große Bild an der Wand. «*Tue nie etwas halb, sonst verlierst du mehr, als du je wieder einholen kannst – Louis Armstrong*», steht in großen Buchstaben unter der phantastisch in Szene gesetzten Trompete. Wie wahr, weder können wir Multitasking, noch brauchen wir es.

Schlusswort

Stellen Sie sich vor, Sie genießen Ihr Leben, widmen sich der Kunst, gehen in Parks spazieren und lieben die Geselligkeit. Unentwegt schärfen Sie Ihren Verstand, weil Sie sich ungestört in Dinge vertiefen können, die Sie interessieren. Eile und Multitasking sind Fremdwörter für Sie. Gleich ob im Vertrieb, am Computer, im Controlling oder als Stratege, in einer bestimmten Disziplin sind Sie ein Meister Ihres Fachs. Stress gibt es nicht. Auch jenseits Ihres Berufs entdecken Sie immer wieder neue Vergnügungen und Interessen, die Ihr Leben bereichern. Sie sind mittendrin in einem nie endenden Fest, so bunt, anregend und dennoch erholsam. Noch nicht einmal Pausen kennen Sie. Mittels einer neuen medizinischen Technik benötigen Sie keinen Schlaf mehr, der Körper erholt sich, während Sie Ihren Beschäftigungen nachgehen.

Ihre größte Sehnsucht ist zur Wirklichkeit geworden, Sie haben Zeit für alles, was sie tun wollen, und können alle Aufgaben in Ruhe erledigen. Nie versäumen Sie etwas. Der immer spürbare Zeitdruck bei allem, was Sie tun und gleichzeitig tun wollen, hat ein Ende. Sähe so Ihr ganz persönliches Schlaraffenland aus?

Nun, genauso würden Sie sich fühlen, wenn Sie ein Bewohner von Diaspar, der Stadt in Arthur Clarkes Roman «Die sieben Sonnen» wären. Doch die vermeintlich einfache, verführerische Idee, die Herrschaft der Zeit und damit das

Verlangen nach Multitasking zu überwinden, entpuppt sich bei näherer Betrachtung als trügerisch. Was wäre gewonnen, wenn wir statt 24 Stunden pro Tag 30 Stunden zur Verfügung hätten oder unser Leben 200 Jahre dauern würde?

In der «unsterblichen Stadt» von Arthur Clarke haben die Menschen unendlich viel Zeit, und genau deshalb ist jeder einzelne Augenblick völlig wertlos. Das aber ist Sciencefiction. Unsere Lebenserwartung liegt nicht bei 200 Jahren, und unser Tag hat keine 30 Stunden. Selbst wenn uns 100-mal so viel Zeit zur Verfügung stünde, nie wäre es uns möglich, alles zu erledigen und jedem gerecht zu werden. Wir stehen vor einer Fülle von Angeboten, Möglichkeiten und Verpflichtungen, die wir gar nicht überschauen und bewältigen können.

Doch die Herausforderung in unserer heutigen Zeit besteht nicht darin, möglichst schnell viel zu erledigen und abzuarbeiten. Vielmehr ist es unsere Aufgabe, in unserer heutigen Welt mit ihren nahezu unbegrenzten Kommunikationsmöglichkeiten, der Globalisierung und den schnellen Veränderungen wieder zu lernen, mit unserer knappen Ressource «Zeit» verantwortungsvoll umzugehen. Mehr denn je kommt es darauf an, bewusst auszuwählen, was wichtig ist, was wir wollen und worauf wir unsere Aufmerksamkeit im Augenblick richten.

Führen wir uns noch einmal vor Augen: Als wie stressig wir eine Aufgabe oder eine Situation empfinden, hängt nicht von unserem vorhandenen Zeitbudget ab, sondern vielmehr von dem Maß der Fremdbestimmung, die wir spüren. Und das wiederum hat damit zu tun, inwieweit wir unsere Wahrnehmung nutzen, um Eindrücke festzuhalten und Gefühle zuzulassen, damit Erinnerungen und neues Wissen entstehen können. Das Leben offenbart sich uns immer dann in seiner ganzen Fülle, wenn wir uns mit offenen Sinnen dem Augenblick hingeben. Doch häufig findet das Hier und Jetzt ohne unsere innere Teilnahme statt.

Das Maß unserer Selbstbestimmung hängt zudem von unseren persönlichen Werten ab. Auf dieser Grundlage können wir uns bewusst f ü r etwas entscheiden. Diese unsere Freiheit macht das Leben angenehmer, ist aber mit mehr als Kopfarbeit verbunden. Denn für unsere Entscheidungen, wie wir sie in vielen Momenten unseres Lebens treffen müssen, benötigen wir neben Informationen und Wissen vor allem sinnliche Intelligenz. Hören Sie deshalb zuerst auf Ihr Herz, vertrauen Sie in erster Linie Ihrer Intuition und erst dann Ihrem Verstand.

Das hört sich vermessen an, leiden doch die meisten von uns gar nicht darunter, dass uns eine gewisse Taktfrequenz scheinbar unabänderlich vorgegeben wird. Was uns vielmehr zu schaffen macht, ist die Empfindung, nur noch schnell leben zu können. Wir spüren, dass wir über das Tempo nicht selbst bestimmen, sondern die Entscheidung darüber aus der Hand gegeben haben. Wie Sie sich aus dieser Fremdbestimmung befreien können, haben Sie auf unserer Reise gesehen. Wenn wir jeden Tag als ein aufregendes Abenteuer angehen, ergeben sich unzählige Möglichkeiten, unsere Wahrnehmung zu schärfen – und es ist so leicht. Wenn wir bewusst unsere Umgebung – einen Baum, Menschen, die Welt um uns herum – aufmerksam betrachten und nicht alles einfach an uns vorüberziehen lassen, lernen wir, im Hier und Jetzt zu verweilen. Und genau das wirkt sich auf unser Erleben der Gegenwart aus. Stressoren fallen dann um wie ein Dominostein nach dem anderen, und Multitasking verliert seinen Sinn.

Auf dem Weg zurück in die Selbstbestimmung müssen wir vielleicht die einen oder anderen Dinge loslassen. Dinge, die uns einschränken oder uns hemmen, unser volles Potenzial zu entfalten. Mit Sicherheit werden einige Entscheidungen zu echten Wendepunkten in unserem Leben. Oft fallen uns solche Schritte schwer, denn es kann durchaus notwendig sein, eine Position zu beziehen, die anderen missfällt oder unlogisch erscheint. Doch wer sich mutig und gelassen auf sich selbst verlässt, der wird reich belohnt.

Wenn wir die Uhr als ein sinnvolles Hilfsmittel betrachten, mit dem wir das Zusammenleben besser organisieren können, wird vieles leichter. Das gilt auch für die Anforderungen, die andere an uns stellen. Wenn wir unsere Aufmerksamkeit wieder auf einzelne Aufgaben konzentrieren, nicht ständig zwischen Situationen, Herausforderungen und Problemstellungen hin und her springen, werden wir ruhiger und erreichen trotzdem bessere Lösungen. Für alle Beteiligten, nicht nur für uns ist das ein Gewinn.

Es ist kein Beinbruch, bei der Suche nach neuen Wegen auch einmal die falsche Abzweigung zu wählen – solange wir den Mut haben, uns umzudrehen und zurückzugehen.

Besinnen wir uns auf unsere Werte, und setzen wir wieder Achtsamkeit und Zeit, Verantwortung und Klarheit an die Stelle von Multitasking. Gehen wir los. Es ist einfach, macht Mut, verbindet, und am Ende unserer Reise werden wir alle klarer, leistungsfähiger und glücklicher sein.

Weiterführende Literatur

Calvin, William H.: Die Symphonie des Denken, dtv, München 1995

Calvin, William H.: Wie das Gehirn denkt, Spektrum Akademischer Verlag, Heidelberg 2004

Covey, Stephen R./Merrill, A. Roger/Merrill, Rebecca: Der Weg zum Wesentlichen, Campus, Frankfurt 2005

Enkelmann, Nikolaus B./Rückerl, Thomas: Die Macht des Vertrauens, Junfermann Verlag, Paderborn 2004

Franck, Georg: Ökonomie der Aufmerksamkeit, dtv, München 2007

Golemann, Daniel: Emotionale Intelligenz, dtv, München 1997

Grabe, Martin: Zeitkrankheit Burnout, Verlag der Francke-Buchhandlung, Marburg an der Lahn 2006

Hohensee, Thomas: Gelassenheit beginnt im Kopf, Droemer/Knaur, München 2007

Hüther, Gerald: Biologie der Angst, Vandenhoeck & Ruprecht, Göttingen 2005

Hüther, Gerald: Die Macht der inneren Bilder, Vandenhoeck & Ruprecht, Göttingen 2006

Klingberg, Torkel: Multitasking, Beck Verlag, München 2008

Lelord, François/André, Christophe: Die Macht der Emotionen, Piper Verlag, München 2008

Vester, Frederic: Denken, Lernen, Vergessen, dtv, München 2007

Anmerkungen

1 Torkel Klingberg: Multitasking, München 2008.

2 Douglas, K. et al.: Attention seeking. In: New Scientist, S. 38 (28.5.2005).

3 Rubinstein, J. S., Meyer, D. E. & Evans, J. E.: Executive Control of Cognitive Processes in Task Switching. In: Journal of Experimental Psychology: Human Perception and Performance, Heft 27, 2001, S. 763-797.

4 Quelle: OECD Stat Extracts, http://webnet.oecd.org/wbos/ und Statistisches Bundesamt, http://www.destatis.de.

5 «Süddeutsche Zeitung Wissen», Heft 16/2007.

6 «Hamburger Abendblatt», Multitasking ist ein Mythos, Deike Uhtenwoldt, 17.5.2008.

7 Eigentlich gibt es jeweils zwei Amygdali in beiden Gehirnhemisphären, eine vordere und eine hintere. Beide sind etwa walnussgroß, haben die Form einer Mandel und liegen etwa 2,5 Zentimeter von den Schläfenwänden entfernt im Inneren des Kopfes. Die Amygdala funktioniert quasi wie ein Schalter, mit dem entweder die wohlbekannte Flucht-oder-Kampf-Reaktion ausgelöst wird oder die Frontallappen aktiviert werden. Wird die Amygdala rückwärtig stimuliert, reagiert das Reptiliengehirn und verursacht Unwohlsein, Paranoia, Angst, Wut und emotionalen Schmerz. Die Stimulation der Vorderseite hingegen aktiviert die Stirnlappen und sorgt für Harmonie, Einheit und Transzendenz.

8 Das Reptiliengehirn reguliert die primitiven Funktionen unseres Körpers, darunter auch Mechanismen, die der Selbstverteidigung oder dem Angriff dienen. Während die Stirnlappen komplett auf Harmonie aus sind, regiert hier der Wettbewerb.